필리핀 완전정복

■ **(주)고려원북스**는 우리들의 가슴속에 영원히 남을 지혜가 넘치는 좋은 책을 만들겠습니다.

필리핀 완전 정복
한국인이 모르는, 필리핀에 관한 불편한 진실

초판 1쇄 | 2010년 10월 4일

지은이 | 강태호
펴낸이 | 이용배
펴낸곳 | (주)고려원북스
편집주간 | 설응도
마케팅 | 이종진
판매처 | (주)북스컴, Bookscom., Inc.

출판등록 | 2004년 5월 6일(제16-3336호)
주소 | 서울 광진구 능동 279-3번지 길송빌딩 7층
전화번호 | 02-466-1207
팩스번호 | 02-466-1301

값 15,000원

ISBN 978-89-94543-13-0 13910

저자와의 협의에 의하여 인지는 붙이지 않습니다.
잘못 만들어진 책은 구입처나 본사에서 교환해 드립니다.

필리핀 완전정복

한국인이 모르는, 필리핀에 관한 불편한 진실

강태호 글 | 서지홍 사진

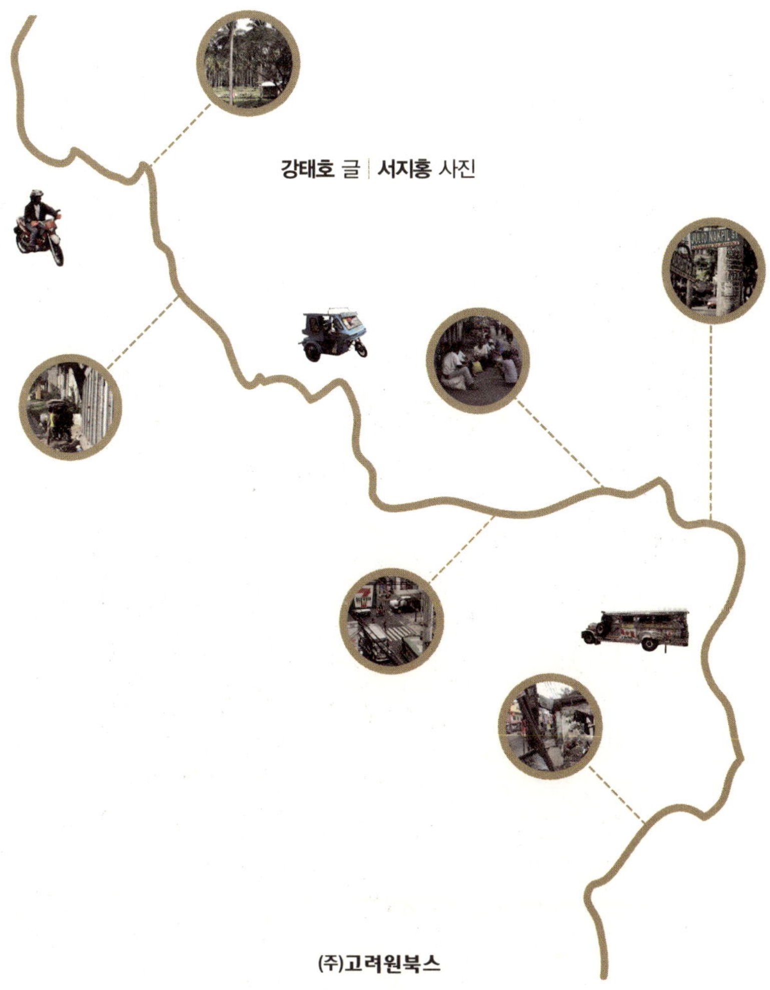

(주)고려원북스

필리핀 하면 여러분들은 어떤 생각이 가장 먼저 떠오르나요? '가난한 나라' 라는 이미지가 가장 먼저 생각났나요? 아니면 최근 필리핀 어학연수를 많이 가니까 저렴하게 영어회화를 공부할 수 있는 곳이라고 많이들 생각하시는 것 같습니다.

저도 그랬습니다. 우리나라 사회에서 필요충족 조건인 영어를 저렴하게 배울 수 있다는 생각으로 필리핀을 갔지요, 180일간 학교를 9군데나 다니며 영어공부를 했습니다. 자신감과 함께 흡족한 결과를 얻어냈고, 필리핀 내 어학원들의 운영 실태나 필리핀 문화에 대해서도 많이 알게 되었습니다. 더욱이 필리핀인들의 삶의 태도를 바라보면서 그동안 생각하지 못했던 제 삶의 가치에 대해 깊이 깨달은 바도 있었습니다.

그런데 저는 필리핀에서 차마 믿기 어려운 일도 목격하게 되었습니다. 우리나라 사람이 필리핀인들에게 행하는 놀라운 행동을 보게 된 것입니다. 저는 180일간의 제 필리핀 생활을 보고 느낀 대로 서술하면서, 우리의 부끄러운 행동에 대해서도 밝힐 것입니다. 한국인만의 입장이 아닌, 필리핀인의 시각에서 바라본 한국인의 모습을 말입니다. 물론 한쪽 면만 바라본 편향적 시각이라거나, 안 좋은 부분만 부각시켰다는 비판이 있을 수 있을 것이나, 제가 말하는 모든 것은 필리핀 현지에서 실제로 일어나고 있는 일이며, 직접 제가 겪은 일임에는 틀림이 없습니다.

필리핀 내에서 가장 많은 사고가 일어나는 나라는 어느 나라일까요? 인정하기 싫지만 우리나라입니다. 그렇다면 필리핀을 방문하는 많은 나라 사람들 중에서 유독 우리나라 사람만이 필리핀 사람들과 융화를 못하는 걸까요?

그 이유는 우리나라에서 필리핀 이민을 일명 '황제이민'으로 인식하고 가정부 부려가면서 호화롭게 사는 삶을 꿈꾸는 데서 엿볼 수 있습니다. 필리핀 사람이 우리 아래라는 생각이 깔려 있는 것입니다. 당시에는 무심코 지나쳤던 사실이 지금 필리핀을 다녀온 뒤 얼마나 잘못된 인식을 가지고 한국 사람들이 필리핀을 가고 있는가 생각해보게 됩니다.

그런 인식을 가지고 한국 사람들이 필리핀을 가다보니, 가난하지만 자신이 살아온 삶에 자부심이 대단한, 즉 자존심 세기로 유명한 필리핀인들에게 자신들을 업신여기는 한국인들이 그리 달갑게 보일 리 없습니다. 따라서 당연히 문화적 충돌이 일어날 수밖에는 없고, 결국 우리나라 언론에서 알려지지 않는 수없이 많은 사고들이 필리핀 내에서 일어나고 있는 것입니다.

그렇다고 해서 필리핀에서 한국인들이 잘못만 하고 있는 것은 절대로 아닙니다. 필리핀 내 한인사회에서는 필리핀인들에게 정기적으로 후원회를 형성해서 도와주고 있으며 여러 가지 필리핀인들과 협조하는 사회를 만들도록 노력하고 있습니다. 하지만 대부분의 한인들이 염려하는 것은 짧게 어학연수를 오는 젊은이들입니다.

그들에게 있어서 필리핀은 단순히 영어공부를 위한 곳 혹은 즐기러 오는 곳으로 인식되다 보니 대부분 책임감 없는 행동을 하는 경우가 허다한 것입니다. 그리고 대부분의 사람들이 다른 나라에서의 어학연수와는 다르게 저렴하게 황제생활을 하면서 공부할 수 있다는 시각을 가지고 있으니 필리핀인을 하인 보듯이 하는 행동들이 많이 눈에 띄는 것입니다.

그런 현실 속에서 제가 필리핀 전역을 돌아다니면서 느낀 것은, 필리핀에서 한국인이 많이 분포한 지역일수록 한국인에 관한 범죄가 늘어나고 있으며 한국인이 없는 지역일수록 인심이 좋다는 것입니다. 실제로 필리핀에서는 한류열풍이 대단합니다. 필리핀 시내를 지나가다보면 이곳이 한국이 아닌가 싶을 정도로 한국가요들이 많이 들립니다. 심지어 한국노래를 흥얼대면서 지나가는 필리핀 젊은이들도 많이 발견하죠. 즉, 전체적으로 한국인에 대한 이미지는 상당히 좋습니다. 그런데 문제는 점점 시간이 지나면 지날수록 한국인들을 바라보는 시선이 냉랭하게 변하고 있다는 것입니다. 우리나라에서도 미군들이 우리나라 여성들을 대하는 모습을 보고 그들을 이유 없는 증오심으로 바라보듯, 필리핀인들 역시 자신의 여성들을 성노리개로 삼는 한국인들이 좋게 보일 리가 없는 것입니다.

이런 현상은 실제로 학교에도 변화를 가져왔습니다. 예전에는 스파르타 학교가 있기는 했지만 클래식 학교가 많았습니다. 정규수업 일정이 끝나고 외출이 자유로운 학교가 많았지요. 하지만 시간이 지나면서 크고 작은 사건사고가 터지게 시작했고, 많은 학생들이 그 사건에 휘말리게 된 것입니다. 그러다보니 어학원에서도 그리고 한국에 있는 사람들에게도 필리핀에 대한 인식이 안 좋아지기 시작했습니다.

그러자 어학원들은 평일에는 외박금지 같은 규약을 내세우고 점점 스파르타화해 갔습니다. 그래서 지금 현재 대부분의 필리핀 어학원들이 스파르타식으로 변해버린 것입니다.

여러분들에게 한 가지 질문해볼까요? 만약 부자인 사람이 가난한 사람들에게 동전을 뿌린다면 여러분은 어떻게 반응하실 것 같으세요? 아마도 우리 상식선에서는 부자인 사람에게 멱살잡이를 할 것입니다. 하지만 필리핀 내에서 그런 행위는 관대한 행위라고 합니다. 당시 저는 이 광경을 보고 너무나 큰 문화적 충격을 빋있습니다.

이런 것처럼 그들의 문화는 우리와 다릅니다. 그들 문화가 틀린 것이 아니란 것입니다. 우리가 선진국이라고 해서 그들의 문화를 미개하고 고쳐나가야 할 것으로 평가해서는 안 됩니다. 우리들은 말 그대로 방문자고 그들은 그곳을 살아가는 사람들이기 때문입니다. 많은 필리핀인들은 본인이 비록 가난하지만 지금 살고 있는 삶에 만족하며 삽니다. 하지만 우리나라 사람은 그들을 평가하려고 합니다. 그것이 실제로 그들과의 문제를 일으키는 일이기도 합니다. 그들의 나라를 가면 그들의 삶과 생활방식을 존중하기를 희망합니다.

이 책은 180일간의 필리핀 체험을 75개 에피소드에 담고, 여러분들이 꼭 알아야 정보는 Tip으로 정리해두었습니다. 또한 저와 다른 시각을 가진 8명의 학생들의 체험담을 실었는데, 이를 통해 필리핀에 관한 다양한 시선을 느낄 수 있을 것입니다. 제가 6개월간 학원비를 제외한 모든 생활비를 기록한 가계부를 부록으로 정리해두었으니, 필리핀생활비 책정하는 데 도움이 될 것입니다.

마지막으로 필리핀으로 떠나는 모든 한 사람 한 사람이 외교관이라는 생각으로 필리핀에서 행동하기를 바라며, 필리핀에서 인생에서 잊을 수 없는 소중한 추억을 만들어오기를 희망합니다.

고마운 사람 thank to.
이 책이 출간되기까지 저를 믿고 지원을 아끼지 않은 필완정 박준현 실장님과 호완정 고준원 실장님 그리고 세부어학원 SME, CPILS, CDU, LIFE CEBU, PHILINTER 다바오 E&G어학원, 마닐라 파라마운트 어학원, 바기오 MONOL어학원, 팔라완의 AIC어학원 관계자 여러분 감사합니다. 그리고 정신적으로 힘을 주신 대진대 김성렬 교수님을 비롯한 교수님들 감사합니다. 원광장애인복지관 식구들, 미스디리 모임, 영우회 친구들, 깅뻭세살모 회원분들, 그리고 사랑하는 가족들 감사합니다.

그리고 『호주워킹완전정복 – 열정만으로 떠나지 마라』 책부터 사진을 흔쾌히 제공해주신 서지홍 님 고맙습니다. 그리고 원고를 제공해주신 안인성, 김현태, 김희진, 서수인, 백수진, 강인해, 이유진, 최명선 님 감사합니다.
그리고 필리핀 내 저에게 필리핀 내 살아 있는 정보를 제공해준 VICTER, TRICIA, SHEENA, SC, ELAIZA, JESUS, JOMAR, KAREN, REGINALDO, MM, TIMPLE, KO, GLORIA, JIMMAR, VICENTE MIMI 감사합니다.

그리고 마지막으로 부족한 원고를 책으로 만들기 위해서 고생하신 고려원북스 가족 여러분에게도 감사의 말씀 올립니다.

CONTENTS

필 리 핀 에   대 한   또 다 른   시 선

■ ■ ■

설렘,
그 여정의
시작

설렘,
그 여정의
시작

박수 받는 사람이 되기 위해

필리핀에 가기로 결정했을 때 주변 반응은 한 마디로 '배부른 놈'이었다. 호주 관련 책도 두 권이나 내고 회사에서 어느 정도 인정받는 위치에 있는데 굳이 필리핀에 간다는 것이 납득되지 않는 탓이다.

하지만 나는 늘 허전했다. 주인공이 아닌 조연의 삶을 살아가는 내 모습을 보는 것. 컨설팅을 해준 사람이 성공해서 돌아오면 기쁘고 뿌듯했지만, 꿈을 가슴에 품은 내가 그저 바라만 봐야 한다는 것은 언제나 날 허전하게 만들었다. 박수 쳐주는 사람보다 박수를 받는 사람이 되고 싶은 것, 당당하게 나만의 성공 이야기를 하고 싶은 것이 솔직한 심정이었다.

대외적으로 이야기할 때는 필리핀 책을 집필하기 위해 간다고 했다. 하지만 더 큰 목적은 영어정복이었다. 상담을 할 때마다 영어의 중요성을 피력했지만 정작 나 자신은 영어에 자신이 없었다. 그러다보니 가끔 영어학교 담당자가 오면 묵언수행을 하게 되고 그것만큼 자존심에 금이 가는 순간이 없었다.

처음부터 그랬던 것은 아니다. 하지만 어느 순간부터 사람들의 시선이 힘들게 했다.

"호주 1년이나 갔다 왔다는 사람의 발음이 참……"

"영어를 잘 못하는 것 같은데……"

처음에는 호주워킹홀리데이 세컨비자로 호주를 다시 갈까 했으나 영어로 얼버무리는 모습을 보이기가 싫어 필리핀 어학연수를 생각하게 되었다. 그렇게 해서 나는 필리핀 어학연수를 가게 되었다.

부모님이 노인이 되었다

부모님…….

필리핀 유학을 결심하고 한 달이 지나서 조심스럽게 말을 꺼냈을 때 부모님의 반응은 심한 충격을 받은 듯했다. 사실 필리핀을 가기로 결심했을 때까지 부모님은 생각하지도 못했다. 부모님은 언제나 나를 보호해야 하는 강한 사람이라고만 생각했지, 세월이 가고 나이가 들어 약해지셨다는 생각은 하지 못했던 것이다.

"필리핀에 갔다 올게요."

"필리핀 요새 방송에서 보니깐 연일 사고다 뭐다 장난이 아니던데 왜 필리핀을 가려고 그러냐?"

"영어가 안 되면 성공할 수가 없어요."

"그냥 좋은 여자 만나서 평범하게 살거라. 자꾸 해외로만 나가려 하지 말고."

어머니는 계속해서 만류하셨고 귀가 어두우신 아버지는 멀뚱히 자식의 입모양만 바라볼 뿐 무슨 이야기를 하는지 몰라 답답해하셨다.

그렇게 한 달이 지났다. 자식 이기는 부모 없다는 말처럼 내 부모님 또한 필리핀 유학을 받아들이셨다. 하지만 자식이 머나먼 타국에 가는 것이 못내 싫으셨는지 어머니는 갑상선암 진단을 받으셨고 내가 필리핀으로 떠나기 한 달 전에 수술을 받으셨다. 다행히 수술 결과는 좋았다. 그러나 암 수술을 받고 나서 그 다음날 바로 세탁소 일을 하시는 어머니 모습을 보면서 아무리 불효자라지만 부모님을 놔두고 필리핀을 간다는 사실이 못내 죄스러웠다.

"이제 그만 일하시고 어디 여행이나 다녀오세요."라고 이야기할 수 있는 아들이 되지 못한 것. 이 현실을 타개하기 위해서라도 나는 가야 했다. 영어 실력을 갖춘다고 내 위치가 달라지지 않을 수도 있지만 영어 실력이 따라주지 않으면 자격조차 주어지지 않는 대한민국 현실에서 도전은 언제나 유효하다.
부모님도 이제 노인이 되어가고 있었다. 가슴 한 귀퉁이에 남아 있는 미련을 털어내고 나는 필리핀 유학을 준비했다.

• 세번째 이야기 •

소중한 인연과
마지막 가는 순간까지

"강태호 필리핀 간다. 6개월 동안 못 보니깐 술 한 잔 해야지. 친구야!"

호칭만 동생 또는 누나, 형님으로 바뀌었을 뿐 필리핀 어학연수를 결정한 뒤부터 나는 주변인들에게 단체문자를 보냈다. 호주워킹홀리데이를 계획했을 때도 잘 만나지 않던 사람에게까지 평생 이별을 할 것처럼 문자를 보내고 그들과 술을 진탕 마시는 것을 반복하곤 했는데 그 버릇을 아직도 못 고친 것이다. 그날부터 떠나기 전날 가족과 함께 외식을 할 때를 제외하고 계속해서 알코올에 취해 살았다. 평소 공부하려고 구입한 『GRAMMAR IN USE』 책은 앞 페이지 부분만 읽은 흔적이 있을 뿐 새 책이나 별반 차이가 없었다.

그렇게 시간이 흘러 필리핀으로 떠나는 날이 왔다. 후배와 친구가 월차를 내가면서 인천공항까지 배웅을 해주는데 가는 길이 왠지 너무 아쉬웠다. 그래서 다시 인천공항 근처 을왕리 해수욕장을 가서 평소 즐겨먹던 대하를 시켜놓고 마지막 저녁을 함께했다. 그때 친구가 이런 말을 했다.

"가기 전에 공부는 했냐? 어째 술만 먹고 다닌 거 같은데?"

갑자기 찔렸다. 하지만 특유의 넉살로 '필리핀에 6개월만 있어도 난 정철 선생 같은 사람이 될 수 있다'라는 허무맹랑한 말을 하면서 건배를 제안했다. 내일이면 보지 못할 친구의 마음을 생각하며 내 기분을 맞춰주었던 그 친구들에게 감사한다.

그렇게 인천공항 들어가기 2시간 전까지 나는 친구들과 건배를 하며 안이하게 시간을 보냈다. 그리고 철저한 준비를 하지 않았던 나는 필리핀 공항에 도착하자마자 많은 문제에 봉착하게 된다.

• 네번째 이야기 •

항공 규정 확인
안 하셨나요?

항공사의 적재화물은 대개 20킬로그램을 선회한다. 예전에 호주에 갔을 때도 그랬다. 그래서 당연히 필리핀에 갈 때도 20~25킬로그램까지는 과적에 따른 요금을 물지 않을 것이라고 생각했고 20킬로그램을 약간 넘는 선에서 짐을 쌌다. 그나마 예전 호주워킹홀리데이를 갔을 때 대부분의 물품이 호주에서 되레 더 싸게 거래되는 것을 경험하고서는 현지에서 조달할 생각으로 짐을 많이 줄인 것이다.

2시간의 여유를 두고 가서 그런지 아니면 평일이라 출국하는 사람들이 없어서 그런지 공항은 조금 한산했다. 어느 기업체인지는 모르겠지만 단체로 워크숍을 가는 사람들을 제외하고는 대형 캐리어를 끌고 다니는 사람도 없었다. 혼자 있는 내 자신이 조금 쓸쓸했다.
'나도 다음번에는 저렇게 여행이나 워크숍으로 해외에 나가야지.' 그렇게 스스로 위로를 하며 발권을 하러 수속대로 향했다. 그 순간 누군가 나를 불렀다. 청원경찰이었다.

"저 죄송하지만 지금 캐리어가 상당히 무거워 보이는데 오버차지 물으시
려는 건가요?"

"에이! 무슨 이야기예요. 캐리어가 커서 그렇지 무겁지 않아요. 22킬로그
램밖에 안 되는데요. 2킬로그램 정도는 봐주지 않나요? 정 안 된다 싶으
면 손가방에 조금씩 빼죠, 뭐."

약간은 한심한 듯 청원경찰이 말했다.

"아, 모르셨군요. 세부퍼시픽은 15킬로그램입니다."

"기내로 들어가는 것 말고요. 이거 화물로 부치는 짐이에요."

"그러니까요. 규정이 바뀐 지 몇 달 되었어요. 확인 안 하셨나 보네요."

가슴이 철렁 내려앉았다. 당연히 호주 갔던 기억으로 세부에 가는 것 역
시 20킬로그램인 줄 알았던 거다. 책에서 확인도 했었다. 그 예전 정보를
최신정보라 생각했던 것뿐.

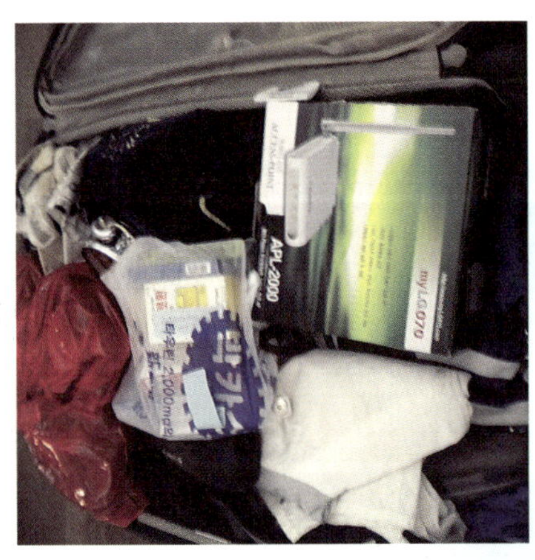

수속대를 빠져나와 한쪽 구석에서 약 5킬로그램에 해당하는 짐을 빼기 시작했다. 그 짐을 군대에서 엑스밴드 하듯이 온몸에 둘러치고 메치고 양손 가득히 들고 나자 온몸이 땀으로 흥건했다. 더 이상 뺄 물건도 없어 오버차지를 물 각오를 하고 수속대를 찾았다. 손님이 별로 없는 데다 옆에서 짐을 다시 싸는 모습을 지켜봤던 그녀가 말했다. "수고하셨어요. 무게는 초과되셨지만 그냥 해드릴게요."

무슨 말을 해야 될까? 인간승리라고 해야 되나. 그렇게 수속을 마치고 세부퍼시픽 비행기를 타러 갔다. 하지만 이것이 끝은 아니었다.

I LIKE KOREAN! I HATE KOREA!
space tips

PHILIPPINES

세부퍼시픽은 항공료가 저렴하지만
화물적재는 다른 곳하고 다르게 15kg이다.

• 다섯번째 이야기 •

ORANGE JUICE PLEASE. PARDON?

비행기 내부에서 찍은 사진

모든 시선이 나에게 쏠렸다. 온몸에 휘감고 있는 짐이 15킬로그램이 넘었으니 시선이 나에게 쏠리는 것은 당연했다. 그나마 시선은 참을 수 있었다. 걷는 내내 사람들을 건드리는 것은 기본, 본의 아니게 뒤통수까지 가격하면서 민폐를 끼칠 때는 쥐구멍이라도 찾고 싶었다. 그나마 다행이었던 것이 에어컨이 빵빵하게 나온다는 사실. 뒤통수를 가격당해 기분 나빴던 사람조차도 땀을 쏟으면서 걷는 내 모습을 보고는 도리어 얼른 가보라고 손짓을 한다. 나는 왜 이렇게 가는 길마다 꼬이는 걸까? 지난번 호주워킹홀리데이를 떠날 때는 선글라스를 놓고 와서 한창 고속도로를 달리던 중에 다시 집으로 돌아갔었는데⋯⋯. 이번에는 짐은 다 챙겼다 생각했는데 이런 결과가 초래되었으니 황당한 노릇이다.

이륙까지 약 1시간이 넘는 시간이 남았지만 면세점 구경은 생각도 할 수 없었다. 그나마 다행인 것이 세부퍼시픽 항공을 기다리는 동안 SK와 기아의 한국시리즈 5차전 경기가 진행되고 있었다는 사실이다. 경기는 막판으로 치닫고 있었고 워낙 박빙이었던지라 한 시간이 후딱 지나갔다.

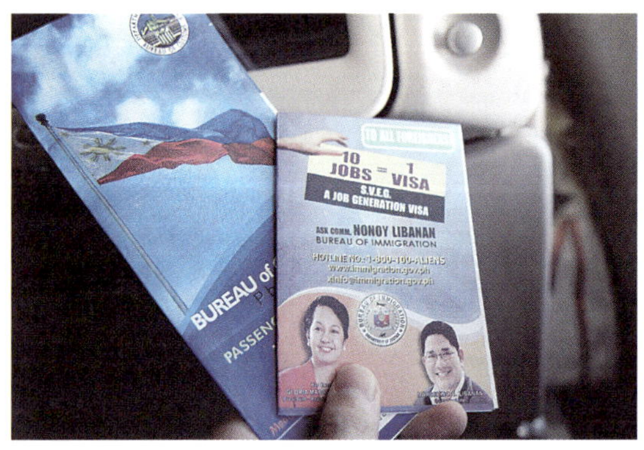

그렇게 시간이 흐르고 탑승할 시간이 되었다. 가장 나중에 탑승했다. 짐으로 여러 명 칠 것 같은 불안감이 들어서다. 어렵사리 들어간 세부퍼시픽은 생각보다 많이 작았다. 게다가 좌석의 앞과 뒤가 좁아 장시간 이동하는 데 상당히 불편했다. 난생 처음으로 키가 작다는 것에 감사했다. 아마 180센티미터 이상 되는 사람은 코에 침을 많이 발랐을 것이라는 우스꽝스런 생각까지 들었다.

무거운 짐을 들고 다녀서인지 목이 탔다. 이륙 후 기내식으로 나오는 음료수를 기다렸다. 10분쯤 지났을까? 필리핀 여승무원이 미소를 띠며 카트를 끌고 오고 있었다. 그런데 이상하게도 사람들이 음료수든 물이든 먹기를 주저하는 것처럼 느껴졌다.
'바보들, 영어쓰기가 왠지 부끄러워서 당당하게 말 못하는 거구만.'
어디서 나오는 자신감인지 모르지만 '빨리 와라. 내가 당당하게 주문하는 모습을 보여주마' 하며 카트를 기다렸다. 그리고 당당하게 말했다.

"I want to orange juice please."

뭔가 뿌듯한 느낌. 자신감에 넘쳐서인지 옆좌석뿐만 아니라 앞뒤좌석까지 들릴 정도의 목소리였다. 당당하게 나의 오렌지 주스를 기다렸다. 그런데 여승무원이 오렌지 주스를 따르면서 가격을 이야기하는 것이었다. 나는 잘못 들은 줄 알고 말했다.

"Pardon?"

"50pesso."

오! 마이 갓! 저가항공이었던 세부퍼시픽은 기내에서 제공되는 음료조차 돈을 지불하는 시스템이었던 것이다. 갑자기 홍당무가 되었다. 옆 좌석은 물론 앞뒤에서 비웃는 듯한 느낌에 사로잡혔다. 주머니를 뒤졌으나 페소가 있을 리 만무했다. 한국 돈으로 계산을 해도 되지만 당시에는 당황해서 그런 생각조차 하지 못했다.

"I'm sorry. I don't have money."

나는 봤다. 천사의 미소로 손님을 대해야 되는 그녀의 얼굴에 퍼지는 짜증. 그녀는 곧 냉정함을 되찾으면서 이렇게 말했다.

"That's okay."

주변에서의 웅성거림이 마치 나를 비웃는 것처럼 느껴졌다. 이 순간을 타개할 방법은 오직 자는 것뿐. 도착할 때까지 나는 내내 자는 척을 해야 했다.

I LIKE KOREAN! I HATE KOREA!
space tips

PHILIPPINES

세부퍼시픽은 저가항공사로서 .
기내에 모든 음식과 심지어 물까지 사먹어야 된다.
보통 5시간 정도의 비행시간이 있으니
어느 정도의 돈을 소지하는 것이 좋다.

군대 가는 기분으로
룸메이트를 상상하다

세부공항에 도착했다는 방송이 흘러 나왔다. 사람들은 약속이라도 한 듯 환호성을 질렀지만 나는 군대 자대배치를 받는 듯한 느낌이 들었다.

'오래 있을 것은 아니지만 친구들을 잘 만나야 할 텐데……. 기숙사에는 어떤 친구가 살고 있을까?'

기숙사 3인실

기숙사 책상

필리핀에 도착한 시간은 정확히 2009년 10월 23일 새벽 2시. 국제공항이라고 하기에는 너무나 초라한 세부국제공항을 나오자 내 이름이 씌인 종이를 들고 기다리는 직원이 있었다. 조금 미안했다. 사실 대부분의 학생들은 단체픽업 형식으로 토요일 또는 일요일에 도착하도록 항공권을 발권한다. 본의 아니게 평일에 오는 경우는 오후 6시쯤 도착하게끔 항공권을 발권한다. 그런데 평일 새벽 2시에 도착했으니 미안하다는 말밖에는 할 말이 없었다. 귀찮을 법도 하건만 그 사람은 내색하지 않고 환한 얼굴로 나를 맞았다. 기왕 미안한 거 삼각대를 세우고 함께 사진까지 찍고 싶었지만 차마 그렇게 하지는 못했다. 서둘러 학교에 가는 게 급선무였기 때문이다.

공항에서 학교로 가는 길. 자동차 창문 사이로 보이는 필리핀 거리의 모습은 정말 지저분했다. 이곳에서 내가 정말 6개월을 살 수 있을까 하는 걱정이 들 만큼. 이런 저런 생각으로 20분 정도 달렸을까 초록색 대문이 인상적인 '마블로 SME 클래식' 학원에 도착했다. 처음 시작하는 것에 대한 두려움 반 설렘 반의 감정이 밀려왔다.
내가 묵을 기숙사 방은 3인실. 한시라도 빨리 들어가는 것이 자고 있는 룸메이트를 위한 배려라 생각되어 서두르며 조신스럽게 기숙사 문을 열었다. 그런데 아무도 없었다.
'어디 갔을까? 짐이 있는 걸 봐서는 룸메이트가 있는 것이 확실한데.'
문득 새벽 2시에 와 불편해할 나를 위해 다른 곳에서 잠을 청하고 있을 것이라는 생각이 들었다. '짐을 다 풀면 밥 한 끼라도 대접해야겠다. 나 때문에 오늘 밤은 잠을 설쳤을 테니.' 그렇게 필리핀에서의 하룻밤은 지나갔다.

필리핀의 대부분 어학원은 기숙사를 운영하고 있다.
1인실 같은 경우는 금액이 워낙 비싸서 추천하지 않으며
2인실 혹은 3인실이 적당하다.

JULIO NAKPIL ST
LUNGSOD NG MAYNILA
ADRIATICO ST
LUNGSOD NG MAYNILA
ANAY TREA
AIRCON
HOUSE REPAIR
401982
TUBERO
SERVICE
7143178
HIRING
FEMALE
DOMESTIC
HELPERS
*QATAR *BAHRAIN
*SAUDI *DUBAI
NO PLACEMENT FEE
SALARY DEDUCTION
843
0920
DR/VAN
87-2377
905879

• 일곱번째 이야기 •

나를 깨워주는 자연의 알람소리

룸메이트가 없었던지라 편안하게 짐을 풀기 시작했다. 짐을 풀면서 참 한심하다는 생각을 했다. 짐에 들어 있는 대부분 책들이 4년 정도 된 것이기 때문이다. 이 책들은 4년 전 호주워킹홀리데이에 갔을 때 구입한 것으로 『GRAMMAR IN USE』 초급과 중급, 그리고 무슨 욕심이었는지 토익을 마스터하겠다고 샀던 『해커스』 등이었다.

페이지를 넘겨봤다. 공부 안 한 흔적이 팍팍 났다. 첫 페이지부터 약 20페이지까지는 거의 빵구가 날 정도로 연필로 찍찍 그은 흔적이 완연했고 그 이후 페이지부터는 새 책이라고 믿어 의심치 않을 정도로 깨끗했다. 그런 정신자세로 호주에 갔으니 실패했을 수밖에.

이번 필리핀에서는 절대로 그러지 않으리라 다짐해본다. 규칙적인 생활을 약속하며 알람시계와 다이어리도 꺼냈다. 옷가지를 정리해야 되었지만 룸메이트가 없는 상태에서 옷장에 옷을 넣을 수는 없는 노릇. 책상 안으로 캐리어를 넣고 내일 룸메이트를 만나면 옷장의 공간을 어떻게 분배할지 의논하리라 생각했다.

대충 짐을 정리하고 필리핀에서의 새로운 첫날 아침을 꿈꾸며 잠자리에 들었다. 알람시간은 6시 30분으로 맞췄다. 이르지도 늦지도 않은 시간이었다. 그런데 새로운 곳에 온 설렘 때문이었는지, 저녁에 먹은 박카스가 잠을 방해하는 것이었는지 아무리 눈을 감고 있어도 잠이 오질 않았다. 한 시간 넘게 뒤척이다가 새벽 4시가 넘어서야 겨우 잠이 들었다.

한참 단잠을 자고 있을 때 갑자기 알람이 울렸다. 그런데 왠지 이상했다. 중국산 알람시계라서 그런가 보통 알람시계의 알람소리처럼 느껴지지 않았던 것이다.

"이런 빌어먹을 놈의 중국산."

머리맡에 둔 알람시계를 괜히 원망하며 잠에서 일어났다. 시간은 새벽 5시 30분. 처음에는 알람을 잘못 맞춘 것으로 생각해서 다시 6시 30분으로 알람을 맞추고 누웠다. 그런데 얼마 지나지 않아 알람소리가 또 울렸다. 그제야 시계에서 나는 소리가 아님을 알게 되었다.

밖에서 나는 닭소리였다. 새벽이 되니 이놈의 닭들이 미친 듯이 울어대는 것이었다. 다시 베개를 부여잡고 몸부림을 치며 잠을 청해봤지만 미친 듯이 울어대는 닭소리에는 도리가 없었다. 그렇게 나의 단잠은 닭 우는 소리와 함께 사라졌다.

학교밖 닭들

대부분의 필리핀의 어학원은
근처에 필리핀 민가와 함께 붙어 있다.
그러다 보니 필리핀 민가에서 한 마리씩은
키운다는 닭 수리에 빨리 적응하는 것이
숙면하는 데 도움이 될 정도다.
닭소리에 길들여지는 것.
성공적인 필리핀 생활의 첫걸음이다.

• 여덟번째 이야기 •

I'M SORRY.
I DON'T UNDERSTAND

본의 아니게 닭 울음소리에 깨어나긴 했지만 피곤하다는 느낌보다는 설레는 기분이 강했다. 조금 부지런을 떨었더니 6시 조금 넘어 SME 어학원에 도착했다. 생각했던 것보다 사람들이 많았다. 이건 나중에 알게 된 사실인데 이 어학원에는 오전 6시 30분 수업이 있어 이 시간에도 학생들이 붐빈다고 한다. 나는 아직 레벨테스트를 보지 않았기 때문에 어느 수업에도 들어갈 수 없었다. 그래서 주변 강의실을 돌아다니면서 이것저것을 구경했다. 그때 SME 직원이 말을 걸었다.

"태호 씨는 호주에도 갔다 오셨으니 레벨테스트 시험을 바로 보는 게 어때요? 마침 내일 아이엘츠 시험이 있거든요. 오늘 아이엘츠 모의시험을 통해서 배정받으면 되요."

준비되지 않은 상태이긴 했으나 딱히 지금은 곤란하다고 말할 수가 없었다. 조금은 자신감이 있었던 것도 같다. 필리핀 어학연수는 필리핀 선생님과 하는 1 : 1 스피킹이 레벨에 가장 크게 좌우되는데, 호주워킹홀리데이를 하면서 7개월 동안 호주인들과 같이 살았던 덕분에 두렵거나 하지는 않았다. 또 이곳에 오기 전에 준비한 내용도 있었다.

"Let me introduce myself. My name is Kang-Taeho and english name is David. My major is creative literature……."

5분가량 되는 자기소개서를 준비했었다. 호주에서는 첫 레벨테스트부터 개망신을 당했던 터라 이번 필리핀에서만큼은 제대로 된 실력을 보여주고 싶었던 것이다. 문법은 좀 약하지만 독해와 듣기는 미국드라마를 보면서 익힌 평소 실력으로 어느 정도 수준이 될 것이라 생각했다. 시험에 임했다. 먼저 듣기 테스트였다.

아! 나도 모르게 짧은 탄식이 흘러나왔다. 하나도 안 들렸다. 토익이었다면 찍기라도 하지, 아이엘츠 시험은 주관식으로 문제풀이를 하는 것이기에 찍을 수도 없었다. 결국 그냥 시험장을 나왔다. 3시간 가까이 진행되는 시험에서 가만히 멀뚱멀뚱 있을 자신이 한심하다는 생각이 들었기 때문이다. 그 와중에 시험 감독관이 당황할까 염려되어 답안지에 나가는 이유를 나름 친절하게 적었다.

"I'm sorry. I don't understand."

그렇게 나오는 나를 발견하고 교육을 담당하는 한국인 직원이 말을 걸었다.
"이렇게 일찍 나오다니 태호 씨는 시험이 쉬웠나 보네요."
"아! 그냥 뭐!"
얼굴이 순식간에 빨개졌다. 자존심에 금이 가는 순간이었다. 비록 평소 "저 영어 잘 못해요"라고 떠들고 다녔지만, 실제로는 '어느 정도 실력은 된다' 하는 이상한 망상(?)에 사로잡혀 있었던 것이다. 내게 너무 실망한 상태에서 나는 마지막 말하기 시험을 기다렸다.
'그래! 리스닝은 망쳤지만 스피킹 테스트는 괜찮을 거야. 떨지만 않으면 돼.'

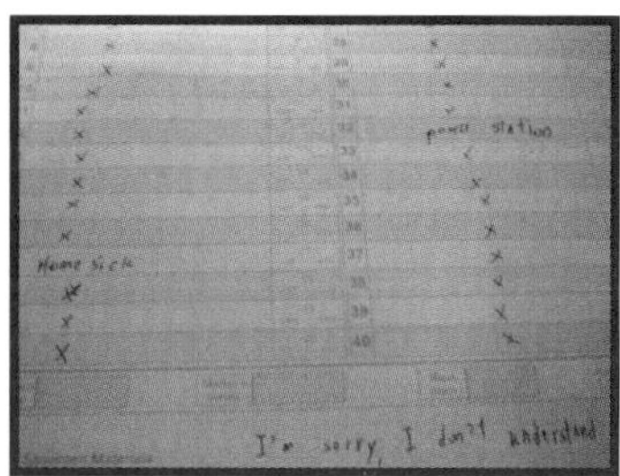

주먹을 불끈 쥐고 스스로를 격려하며 필리핀 선생님을 따라갔다. 하지만 이게 웬걸. 대화는 오래 이어지지 못했다. 필리핀 선생님은 연신 "Pardon?"을 외쳤다. 내 발음이 좋지 않아 못 알아듣는 문제도 있었지만 동문서답 엉뚱한 대답으로 일관했기 때문이다. 대개는 15분 정도 진행된다는 스피킹 테스트가 고작 5분도 안 되어 끝났다.

"Your level is beginer."

스피킹 테스트를 했던 선생님은 이렇게 말했다. 명색이 1년 동안 호주에서 영어공부를 했다는 내가 결국 비기너(초급)로 들어가게 된 것이다. 내 자신이 너무 한심스러웠다.

"나는 정말 치열하게 영어공부를 했는가?"

대답할 수가 없었다. 늘 영어가 중요하다고 말은 했지만, 외국에만 나가면 영화 「매트릭스」에 나오는 레오처럼 저절로 영어실력이 향상된다고 생각했던 탓이다. 호주워킹홀리데이를 1년이나 갔다 오고 비기너 레벨로 시작하는 필리핀 유학. 시험을 마치고 기숙사를 향하면서 SME 학교의 사훈이 눈에 들어왔다.

"No pain, no gain."

필리핀에서의 레벨테스트는
아이엘츠 시험 혹은 토익시험을 보게 되며
마지막으로
스피킹시험으로 그날 저녁이나 다음날 아침 레벨이 배정된다.

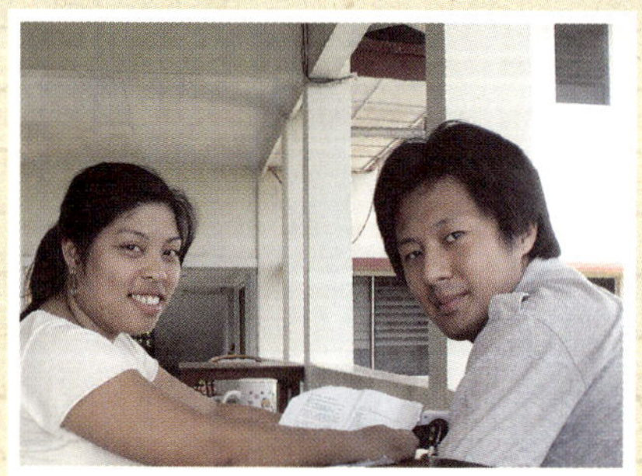

호주워킹홀리데이를 1년이나 갔다 오고 비기너 레벨로 시작하는 필리핀 유학.
시험을 마치고 기숙사를 향하면서 SME 학교의 사훈이 눈에 들어왔다.

No pain No gain!

• 아홉번째 이야기 •

나의 룸메이트는
나를 배려한 것이 아니었다

외롭다. 시험으로 피폐해진 나의 영혼을 달래줄 친구가 필요했다. 한국이었다면 벌써 친구들을 불러놓고 삼겹살에 소주를 마시면서 위안을 구했을 것이지만 이곳은 필리핀이다.

시험을 마치고 들어간 기숙사에는 아직도 룸메이트가 들어오지 않았다. 노트북은 전원에 연결되어 있고 어디 잠시 외출한 것처럼 물건들이 널브러져 있었지만 하루가 지나고 그 다음날이 되도 나의 룸메이트들은 들어오지 않았다.

끼리끼리 그룹이 지어지면 그 안으로 들어가기 힘든 법. 그러다보니 나는 어느 그룹에 속하지도 못한 채 혼자 밥 먹고 혼자 돌아다니는 시간이 잦아졌다. 필리핀 온 지 이틀밖에 안 되었는데 벌써 한국이 그리웠다. 확실히 사람은 사회적 동물이다. 로빈슨 크루소의 삶을 살았다면 나는 아마 자살을 하고 말았으리라.

그렇게 혼자 지낸 지 이틀 째. 그날도 혼자서 밥을 먹고 기숙사에서 쉬고 있는데 25세 정도로 보이는 학생이 방으로 들어왔다. 너무 반가웠다.

"안녕하세요. 저는 이번에 들어온 강태호라고 합니다."
"새로 오셨나 보네요. 이야기는 들었는데 요새 제가 어디를 놀러 다녀서 못 뵀었네요."
"아! 그래요. 그런데 다른 분도 안 들어오시던데, 혹시 같이 다니시나요?"
"아! 그 형님은 보기 힘들어요. 스킨스쿠버에 미쳐서 저도 일주일 넘게 못 봤어요. 2주일 후에 필리핀을 떠나는데, 추억을 남기기 위해서 놀러간다 고 그러더라고요."
"그러면 학교수업은?"
"뭐! 그냥 째는 거죠."

그랬다. 그들은 내가 새벽에 와서 불편해 할까 봐 자리를 피해 주었던 것 이 아니라 놀기 위해 외박을 했던 것이다. 그렇게 5분 정도 간단한 대화 를 나누었는데 그가 주섬주섬 물건을 챙기기 시작했다.

"또 어디 가시나요?"
"아! 저는 이번 주에 졸업이거든요. 필리핀에 언제 다시 올지 모르는데 즐 기러 가려고요. 그럼 나중에 뵐게요."

그렇게 기대했고 이야기를 나누고 싶었던 룸메이트는 뭐가 그리 급한지 서둘러 밖으로 나갔다. 나는 생각했다. '그들은 왜 필리핀에 왔을까?' 그들도 처음에는 영어정복을 꿈꾸고 필리핀을 선택했을 것이다. 그런데 그들은 놀기 위해 필리핀에 온 것처럼 행동했다. 잠시 호주워킹홀리데이 시절 만났던 사람들의 모습이 오버랩되었다. 그들은 한국에 돌아가야 하는 시간이 다가오고 영어실력이 며칠 공부한다 해서 느는 것도 아니고 이제 다시는 못 올 필리핀을 즐기는 것이 더 현명한 선택이라 생각했을지 모른다.

하지만 그들이 간과하고 있는 것이 있다. 한국 사회는 어학연수든 유학이든 그 기간 동안 무엇을 이루었는지 요구하고 이를 보여줘야 인정받는다는 것을 말이다. 나는 그들의 모습을 보면서 다시 한 번 결심했다. '초심을 잃어버리지 말자.'

OCEAN DEFENDER

Coors
LIGHT

Coors
LIGHT

• 열번째 이야기 •

누가 어린아이에게
가난의 짐을 짊어지게 했는가?

룸메이트가 들어오지 않는 관계로 나는 홀로 있을 수밖에 없었다. 또한 나는 목요일에 도착했기 때문에 배치메이드도 월요일이나 되어야 만날 수 있었다. 배치메이드란 같은 시기에 필리핀에 온 사람을 말한다. 필리핀에 유학 온 사람들은 대개 배치메이드와 학원이 끝날 때까지 깊은 관계를 맺는다. 룸메이트는 놀러 다니고, 배치메이드도 없는 상태라서 나는 혼자 다닐 수밖에 없었다. 동영상강의를 들으면서 영어공부를 했지만 그것도 한두 시간이지 답답해 죽을 지경이었다. 인상 깊게 보였던 초록색 대문과 그를 지키는 가드가 탈옥을 감시하는 교도소 교도관으로 느껴졌다.

나가지 않으면 못 견디겠다는 생각이 들었다. 학교 주변이라도 나가야 숨통이 트일 것 같았다. 필리핀이 아무리 위험하다고 하지만 백주대낮에 강도짓을 당하기야 하겠는가. 처음 본 필리핀 거리는 충격이었다. 1970년대를 살아보진 않았지만 필리핀 거리를 거닐면 우리나라 70년대를 연상하게 될 것이라는 조언을 실감했다.

아무데나 버려진 쓰레기, 바지를 내리고 소변을 보는 사람, 대낮부터 술에 떡이 되어서 비틀거리는 사람, 금방이라도 쓰러질 듯한 집에서 음식을 하는 여자와 우리나라에서라면 벌써 버렸을 축 늘어진 티셔츠를 입고 다니는 사람들……. 너무나 낯선 환경에 당황스러웠다. 필리핀 사람이 간혹 나의 눈을 쳐다볼 때마다 나도 모르게 지갑에 손이 갔다. 불안감이 엄습했기 때문이다. 애써 그들의 시선을 외면하며 학교에서 너무 멀리 온 것은 아닌가 하는 초조함에 급히 발길을 돌렸다.

앞에서 누군가 수레를 끌고 오고 있었다. 그 누군가는 어른이 아니었다. 한창 응석받이를 할 정도밖에 안 보이는 어린아이가 코코넛 수레를 끌고 오는 것이었다. 아이의 얼굴에는 어린아이 특유의 천진난만함이 없었다. 하루하루를 연명하는 생존의 피곤함이 보일 뿐이었다.

사실 필리핀은 70년대만 해도 아시아에서 두 번째로 잘 사는 부자나라였다. 하지만 독재자 마르코스로 말미암아 경제가 붕괴되기 시작했다. 그는 재산축적을 위해 온갖 불법을 일삼았고 그에게 반하는 행동을 하는 사람

들은 가차 없이 죽였다. 이제 필리핀은 하루 살고 하루 먹기도 힘든 빈곤 국가가 되어버렸다. 마르코스가 나타나기 전, 필리핀 사람들은 정치에 큰 관심이 없었다고 한다. 결국은 그 무관심이 마르코스의 독재정치를 가능하게 하였던 것이다.

갑자기 한국이 걱정되었다. 지금 많은 한국 젊은이가 정치에 환멸을 느끼고 자신의 투표권을 행사하지 않고 있다. 허경영이라는 시대의 사기꾼에게 차라리 웃음이라도 주니깐 낫지 않느냐며 자신의 소중한 표를 낭비하는 실정이다.

젊은이들이 정치에 관심이 없으면 한국도 필리핀처럼 될 수 있다. 가난의 짐을 둘러매고 코코넛 수레를 끌고 가는 어린아이의 모습. 그 당시 필리핀 또한 이렇게 될 줄은 아무도 예측하지 못했을 것이다. 어린아이에게 가난의 짐을 안겨주는 현실. 살기 위해서는 어쩔 수 없이 자신보다 무거운 짐을 끌어야 되는 현실. 바로 정치에 무관심했던 필리핀의 업보였다.

 한국인이 모르는, 필리핀에 관한 불편한 진실

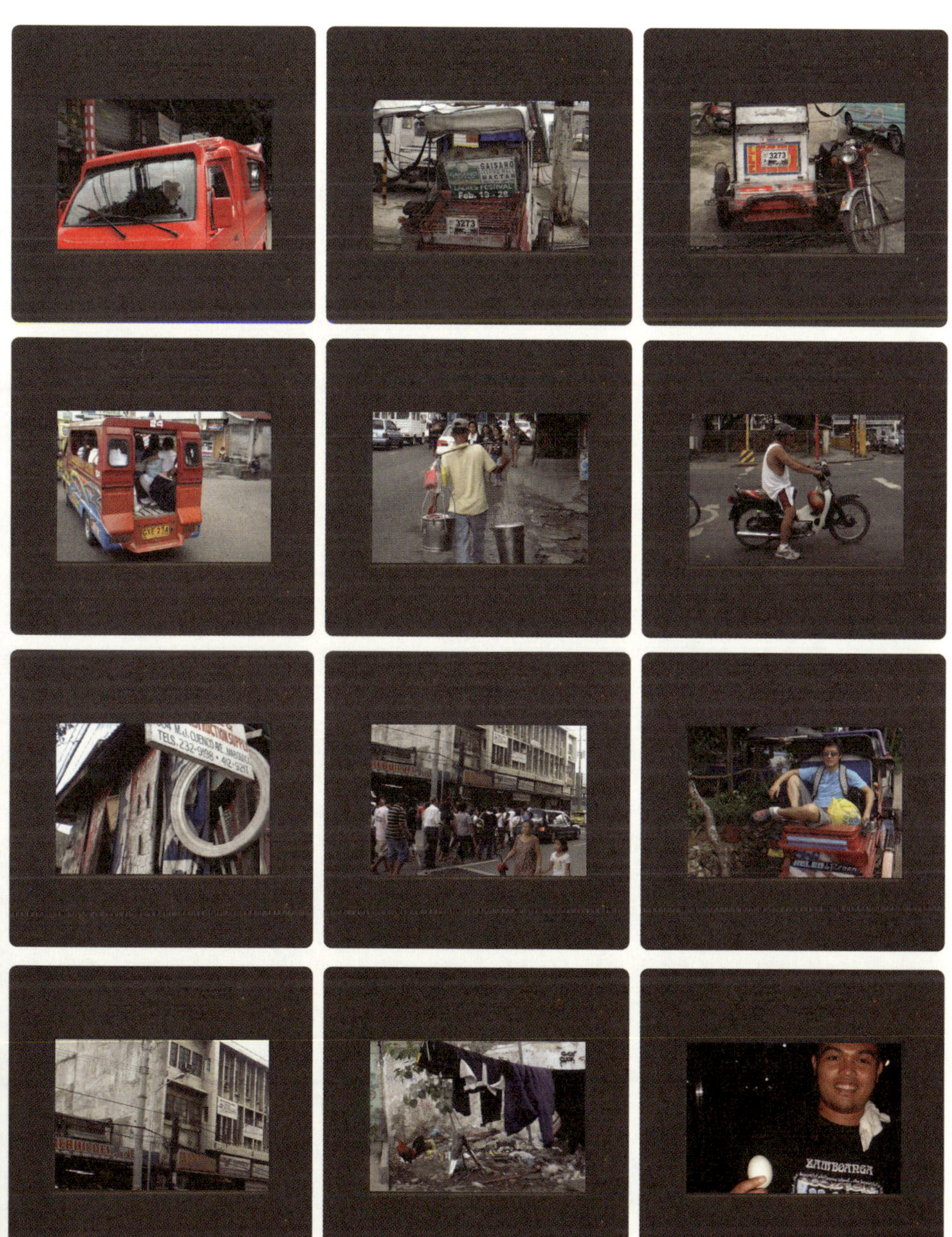

• 열한번째 이야기 •

우리는 왜,
무엇 때문에 필리핀에 왔는가?

드디어 월요일, 학원의 오리엔테이션날이다. 대개 필리핀 학교는 매주 월요일에 배치메이드와 함께 오리엔테이션을 하고 레벨테스트를 본 뒤 레벨에 맞는 수업을 배정한다. 나의 배치메이드는 다섯 명이었다. 다들 군입대 전 훈련소에 온 사람들처럼 바짝 긴장한 상태였다.

오리엔테이션은 필리핀에 대한 간략한 소개와 "No pain, No gain"이라는 학훈에서 보듯 노력하지 않으면 아무리 필리핀에 오더라도 결코 영어 실력이 좋아지지 않을 것이라는 것이 주된 내용이었다. 또한 필리핀 치안 상태가 좋은 편이 아니니 밤에는 외출을 자제하고 만일 밖에 나가야 한다면 배치메이드 또는 클래스메이드와 같이 해야 한다고 당부했다.

2시간 정도의 오리엔테이션이 끝나고 드디어 배치메이드끼리 대화를 나눌 수 있는 시간이 왔다. 나는 최고연장자로서 왠지 이들에게 먼저 다가가야 될 것 같아서 자기소개를 하고 그들에게 왜 필리핀에 왔는지 물어봤다. 모두 다섯 명이었는데 한 명을 제외하고는 모두 영어 때문에 왔다고 했다.

한 친구는 호주워킹홀리데이를 가기 위한 준비절차로 필리핀에 왔고, 또 한 친구는 영국에 가기 전에 영어의 기본기를 잡는다며 필리핀에 왔으며, 두 친구는 호주대학을 다니기 위해 아이엘츠 점수를 따려고 필리핀에 왔다.

그런데 범상치 않은 한 친구가 있었다. 그 친구는 단순히 쉬고 싶다고 했다. 그 말을 듣는 순간 연장자로서 충고가 하고 싶었을까? 그렇게 계획 없이 와서는 아무것도 얻을 수가 없다는 말이 목구멍까지 올라왔다. 그런데 그 아이는 당당하게 말을 이어갔다.

"저의 꿈은 넓은 공원 같은 곳에서 한가하게 샌드위치를 먹는 것이에요. 지금껏 일만 하면서 살았거든요."

뭔가 뒤통수를 얻어맞은 것 같았다. 우리는 왜 외국으로 이민을 준비하고 영어를 배우려 하는가? 좋은 직장을 얻기 위해, 돈을 많이 벌기 위해 어쩔 수 없이 하는 선택은 아닐까? 이 아이의 대답이 어쩌면 우리 모두가 가장 바라는 꿈이라고 생각되었다.

같은 시기에 들어온 우리 중 누구는 정해진 3개월 안에 '영어정복' 이라는 소기의 목적을 달성할 것이고 누구는 유혹에 못 이겨 실패할 것이다. 스스로 선택한 결과인 만큼 그 책임은 각자에게 있다. 앞서 그 아이가 말한 것처럼 어떤 이는 넓은 공원에서 샌드위치를 먹는 여유를 가지게 될 것이고, 어떤 이는 박봉에 시달리며 인생을 살 것이다. 나는 또 한 번 입술을 깨물었다.

'넓은 들판에서 샌드위치를 편안히 먹을 수 있는 여유를 가진 사람이 되겠다.'

• 열두번째 이야기 •

한국인이 영어를 못하면
부끄러워해야 하나?

정식 수업은 화요일부터였다. 첫 시간은 1대 4 그룹수업. 그룹수업이다 보니 다른 사람 앞에서 영어로 말을 해야 했는데 영어로 말하는 것 자체에 상당한 부끄러움을 느꼈다. 기존에 있던 학생들이 내 영어실력을 보고 웃을 것 같다는 생각이 들어서다. 게다가 대개 어학연수를 온 사람의 나이는 많아봤자 20대 후반인데 나는 이곳에서 상위 5퍼센트 안에 드는지라 더 창피했다. 간혹 들리는 클래스메이트의 영어실력에 더 주눅 들었던 것도 사실이다. 소피라는 영어이름을 쓰는 28세의 그 친구는 한 달 전에 필리핀에 왔다고 한다. 그는 주눅이 들어 있는 내가 안쓰러웠는지 격려의 말을 해줬다.

"저도 처음에는 못했어요. 그런데 조금씩 영어가 재밌다고 느껴지더라고요. 그냥 영어를 편하게 생각하세요. 한국 사람은 다른 나라 사람에 비해 단어도 많이 알고 문법도 많이 아니깐 시간 지나면 어느 정도의 의사표현은 금방이더라고요."

그 말이 맞았다. 고등학교 시절 한 단어 틀릴 때마다 두들겨 맞아가면서 외웠던 영어 단어는 아직까지도 기억이 난다. 그런데 이상하게 외국인만 만나면 꿀 먹은 벙어리가 되는 것이 문제였을 뿐이다.

사실 우리나라만큼 영어단어를 많이 공부시키는 나라도 없다. 한국사람 중에서 영어단어 책이 없는 사람이 없을 정도다. 우리나라에서의 영어는 취업을 하기 전까지는 무조건 영어단어를 누가 많이 외우느냐로 성적이 결정난다. 그런데, 그렇게 많은 영어단어를 알고 있는데 왜 꿀 먹은 벙어리가 되는 걸까?

그 이유를 곰곰이 생각해 보았다. 문제는 영어로 말할 때 주눅이 든다는 데 있었다. '발음이 이상하지는 않을까? 내가 말하는 영어가 맞는 건가? 못 알아들으면 어떡하지?' 이런 생각이 드니까 영어가 점점 무서워지고 안 하게 되는 것이다. 나는 여기에 더해 '31세나 되면서 그 정도밖에 못하냐' 는 조롱을 들을 것 같아 더더욱 말을 못하고 있었다. 수업을 하면 할수록 나는 늘 쓰는 단어와 기존에 알고 있는 영어표현만 쓸 뿐 새롭게 배운 영어표현은 시도하지 못했다.

그룹수업을 진행하던 일레이자 선생님은 이렇게 말했다.

"영어가 모국어가 아닌 이상 못하는 건 당연하다. 그것을 부끄러워하지 말았으면 좋겠다."

맞는 이야기다. 필리핀 어학연수 첫날. 나는 영어보다 더 소중한 것을 깨달았다. 그것은 나는 생각보다 영어를 많이 공부했고 잘 안다는 것이다.

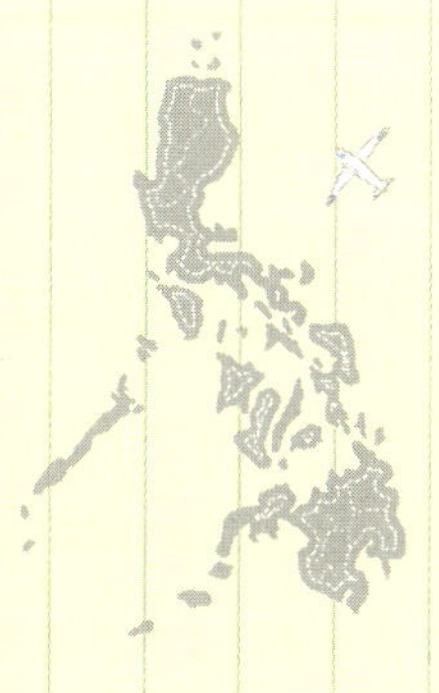

I LIKE KOREAN! I HATE KOREA!
space tips

PHILIPPINES

필리핀 내 수업은 보통 1 : 1 수업 1 : 4 수업. 1 : 8 수업
그리고 각 학교마다 진행되는 아이엘츠 수업,
CNN 수업 등이 있으며 수업시간은
각 학교마다 50분 수업 10분 휴식,
80분 수업 10분 휴식, 100분 수업 20분 휴식으로
수업이 진행 된다.

• 열세번째 이야기 •

세부 최대 쇼핑몰
아얄라몰에 가다

월요일부터 금요일까지 새벽 6시 30분부터 오후 9시까지 수업이 진행되었다. 말이 영어학교지 군대나 다름없었다. 군사훈련처럼 빽빽하게 돌아가는 영어수업이 너무 힘들어 어서 빨리 주말이 되었으면 좋겠다는 생각만이 간절했다. 시간은 왜 그리 더디 가는지 영원히 주말이 안 올 것 같더니만, 결국 그런 애절함 속에서 필리핀에서의 첫 주말은 찾아왔다.

기다리고 기다리던 토요일. 세부 최대 쇼핑몰이라고 불리는 아얄라몰로 갔다. 그곳에서 필리핀의 다른 면을 보게 되었다. 평소 필리핀은 축 늘어진 티셔츠를 입고 다니는 사람들과 외국인의 옷자락을 붙잡으며 "Give me money"를 외치는 아이들로 말미암아 철거촌에 온 듯한 인상이 강했는데 아얄라몰은 다른 세상이었다.

아얄라몰은 가난한 필리핀인이 가는 곳이 아니었다. 필리핀에서 제법 산다는 부자들로 들끓었다. 한국의 청담동과 비교해도 손색이 없었다. 옷이든 가방이든 액세서리든 모두 명품으로 치장한 그들에게 가난에 찌든 표정은 찾아보기란 힘들었다. 빈부의 격차가 이렇게 심할 수가 있을까? 실제로 필리핀의 빈부격차가 어느 정도이냐 하면, 어떤 이는 차를 열 대 가까이 끌고 다니는 반면 어떤 이는 하루 한 끼도 못 먹어 아사 상태로 죽는 경우가 허다하다고 한다.

쇼핑을 마치고 학교로 돌아오는데 또 헐벗은 아이들이 지나가는 사람들을 붙들고 돈을 달라고 하는 모습이 보였다. 필리핀에 먼저 온 이들은 그 아이들에게 돈을 주면 안 된다고 이구동성으로 말한다. 그 아이들에게 돈을 쉽게 벌 수 있다는 생각이 들게 만들면 안 된다는 것이다. 하지만 하루 한 끼 먹을 것이 없어 구걸하는 아이들에게 당장의 양식보다 급한 것이 있을까? 배부른 자의 이성적 판단이 정말 그들을 위하는 것인지, 아니면 자신의 외면을 합리화하는 것인지 정말 모르겠다.

I LIKE KOREAN! I HATE KOREA!
space tips

PHILIPPINES

필리핀 내 대형쇼핑몰로는
SM몰, 아얄라몰, 가이사노몰이 있다.
이중 가이사노몰이 다른 대형몰보다 저렴하게 물건을
판매하고 있으며 SM몰은 쇼핑몰 안에 보안코드 없이
무선인터넷이 가능해 많은 사람들이 이용하는 곳이기도 하다.

• 열네번째 이야기 •

필리핀 할로윈 축제.
우리는 왜 이런 축제가 없을까?

할로윈데이가 다가오자 필리핀 선생님들은 분주해졌다. 기대하라는 선생님도 있고 겁먹지 말라면서 어깨를 으쓱하는 선생님도 있었다. 그렇게 기다렸던 할로윈데이.

나이트메어의 프레디 복장으로 온 선생님, 드라큐라 복장을 한 선생님, 한국 처녀귀신 복장을 한 선생님들의 모습은 쇼킹 그 자체였다. 그룹수업을 진행하던 일레이자 선생님은 검은 드레스를 입고 왔고 나와 같이 수업을 듣던 소피는 자신도 할로윈에 참가하겠다며 보라색 원피스와 박쥐 캐릭터 모자를 쓰고 왔다.

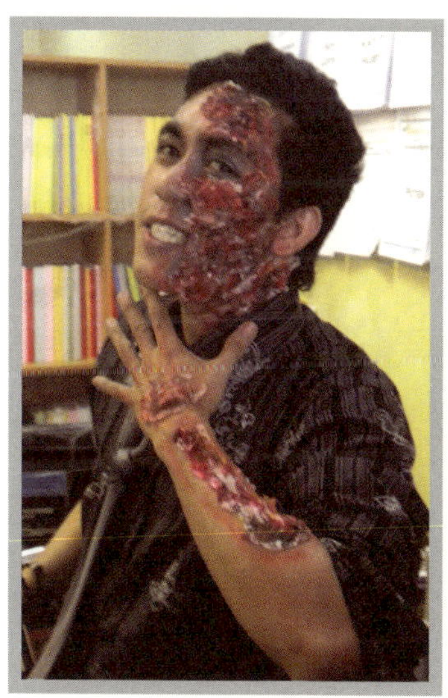

필리핀 선생님들은 자신의 옷을 벗어주며 포토타임을 즐기자고 했다. 왠지 쑥스럽고 창피했지만 '언제 또 할로윈 복장을 입을 수 있겠느냐'는 생각에 주섬주섬 옷을 입고 사진을 찍었다.

정말 모두가 진심으로 할로윈데이를 즐기고 있었다. 각양각색의 복장을 갖춘 선생님들이 스스럼없이 평소처럼 수업을 했는데, 수업 내용 대부분이 할로윈에 관한 것뿐이라는 점이 평소와 달랐다. 선생님은 "한국에도 할로윈 같은 행사가 있느냐"고 물었다. 가만히 생각해봤다. 우리나라에 할로윈 같은 행사가 있을까? 추석? 설날? 그런 개념은 아니었다. 나와 같이 수업을 듣던 친구들도 선뜻 할로윈처럼 파티를 즐기는 개념의 날을 이야기하지 못했다.

쓸쓸한 생각이 들었다. 필리핀이 한국보다 못한 나라라고 평하지만 이상하게 오늘 하루만큼은 그들이 부러웠다. 할로윈을 즐기라고 말하는 선생님들은 정말로 이날이 즐거운 듯했다. 결코 가식적인 웃음이 아니었다. 필리핀 사람들은 우리나라 사람들을 보면서 웃음이 부자연스럽고 화가 난 줄 착각할 때가 많다고 하는데, 그들을 보면서 왜 그런 생각을 하게 되었는지 조금은 짐작이 갔다. 순수하게 웃고 즐기는 그들의 모습이 사랑스럽다.

• 열다섯번째 이야기 •

그들이 당신한테
피해를 준 적 있나요?

"너 그거 알아. 선생님 중에 게이가 있대."

"에이! 설마."

"아니야! 다섯 명 정도 있다고 그러더라! 시트콤 가르치는 선생님도 게이
 래."

갑자기 소름이 끼쳤다. 어쩐지 목소리도 이상하게 느껴졌고 불필요한 스
킨십을 나한테 했을 것 같아 손이라도 씻고 싶었다. 그 말을 듣고 나서부
터는 그 선생님하고 눈 마주치는 것도 싫었다. 불결한 사람을 만난 듯한
느낌이랄까. 그러다가 게이를 선생님으로 채용한 학교에 의뮤이 생겼다.
그 문제를 가지고 1 : 1 수업시간에 토론을 벌였다.

"왜 당신은 그들을 미워하나요?"

선생님이 물었다. 간단한 질문이었지만 답을 하지 못했다. 주저하는 나에
게 선생님은 연달아 질문했다.

"그들이 당신에게 피해를 줬나요?"

나는 왜 그들을 싫어할까? 나 자신을 돌아보게 되었다. 그리고 그들이 나한테 해를 끼치지 않았다는 사실도 깨닫게 되었다.

선생님은 필리핀인들은 그들을 인정한다고 했다. 게이를 남성, 여성과 동등한 제3의 성으로 인식을 한다고 했다. 그들이 피해를 주는 것도 아닌데 차별대우를 하는 것은 부당하다고 말했다. 이성적으로 생각해봤다. 우리나라에서 게이에 대한 일반인의 시선에 대해.

아무리 인식이 달라졌다 하지만 우리나라에서는 아직도 게이에 대해 냉정한 시선을 거두지 못한다. 홍석천의 커밍아웃이 이슈가 되고 하리수가 트렌스젠더라는 사실을 관대하게 받아들이는 듯 보이지만 그들은 연예인이기에 그 정도 인정이라도 받는 것이다. 평범한 일반 게이들은 아직도 죄인같이 숨어 살고 있다. 홍석천마저도 얼마 전 방송에서 '커밍아웃을 하고 하루라도 죽고 싶지 않은 날이 없었다'고 고백하지 않는가. 우리가 얼마나 소수의 성을 가진 사람들에게 관대하지 못한지 미루어 짐작할 수 있는 말이다.

시트콤 수업을 하는 선생님은 그 어떤 선생님보다 재미있게 수업을 하는 것으로 유명했다. 나 역시 사상 좋아하는 선생님이었다. 하지만 게이라는 사실을 알게 되자 그가 부담스럽게 느껴졌다. 이성적으로는 이해를 하지만 심정적으로는 받아들여지지가 않았다. 30년 넘게 살던 한국에서 익힌 관념이기에 쉽게 고칠 수 있는 문제는 아니었다.

아시아의 용, 개발도상국가의 벤치마킹이 되는 나라 한국. 그러나 소수를 위한 배려는 아직도 멀었다. 제3의 성을 가진 사람에게 한국은 '필리핀보다 못한 나라' 라는 생각이 드는 것은 비단 나만 가진 생각은 아닐 것이다. 귓가에 선생님의 말이 계속해서 메아리쳐 들려왔다.

"그들이 우리한테 잘못한 것이 있나요?"

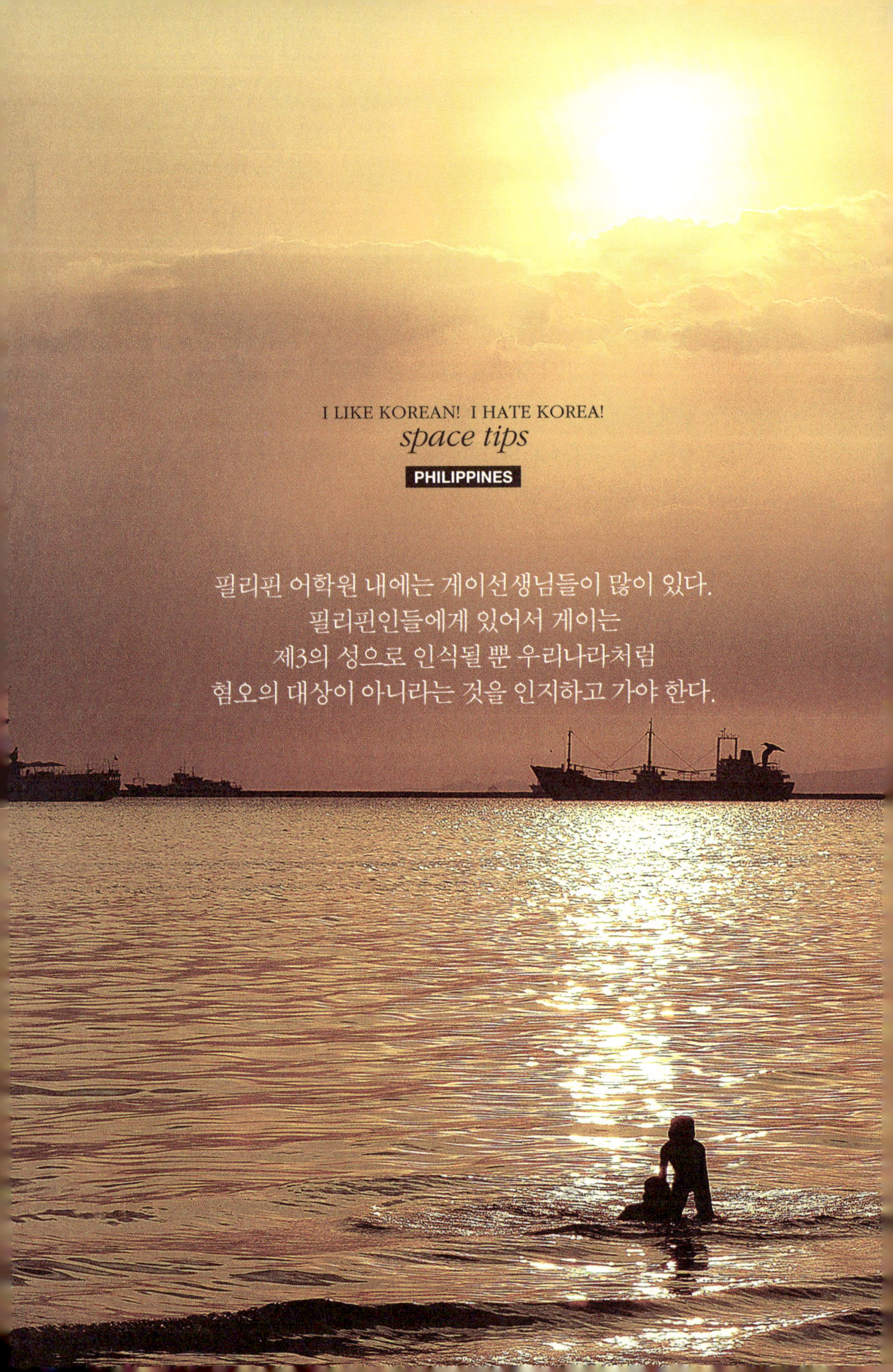

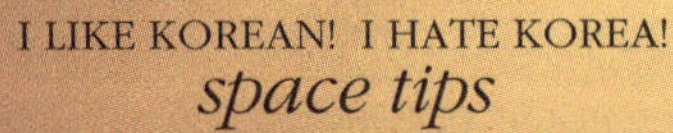

I LIKE KOREAN! I HATE KOREA!
space tips
PHILIPPINES
필리핀 어학원 내에는 게이선생님들이 많이 있다.
필리핀인들에게 있어서 게이는
제3의 성으로 인식될 뿐 우리나라처럼
혐오의 대상이 아니라는 것을 인지하고 가야 한다.

• 열여섯번째 이야기 •

단돈 3만 원으로
모든 것이 가능했던 필리핀 여행

지난 번 호주워킹홀리데이 때는 바다 한 번 못 가본 것이 그렇게 후회가 됐다. 그래서 이번 필리핀 어학연수 때는 바다를 꼭 가겠노라 다짐했었다. 주말을 이용하면 어려울 것이 없었다. 그리고 그 기회는 생각보다 빨리 왔다. 필리핀에서 맞은 첫 일요일에 배치메이드와 함께 근처 막탄 리조트에 가기로 한 것이다.

다들 수업에 지치고 경주마처럼 달리기만 해서 그런지 바다를 보자 환호성을 질렀다. 사실 세부를 통틀어 볼 때 막탄에 있는 바다는 그렇게 아름다운 곳이 아니었다. 하지만 그동안 얼마나 치여 살았던지 바다를 볼 수 있다는 것 자체에 모두들 신이 났다. 더군다나 필리핀 바다는 한국처럼 사람들로 들끓지 않았다. 대부분 리조트가 한가롭기 그지없었다. 가격도 저렴했다.

호주에서는 음료수 한 캔이 약 3달러, 약 3,000원이었는데 이곳에서는 밥 한 끼가 3,000원이다. 리조트를 빌리는 것도 1인당 500페소, 약 15,000원이면 충분했다. 아름다운 비치를 끼고 해수욕을 즐길 수 있는 리조트가 우리나라 돈으로 15,000원도 안 되니 얼마나 근사한 일인가. 필리핀에서 가장 추천하는 음식인 '레촌' 같은 경우는 음료수 포함해서 300페소(약 9,000원) 이내로 먹을 수 있다. 그것도 리조트 안이라서 비싼 것이지 시내에서 먹는 바비큐는 맥주와 같이 먹어도 200페소(약 6,000원) 정도면 충분하다.

우리는 그날 점심, 저녁 포함해 모든 리조트 비용을 고작 3만 원도 안 되는 1,000페소로 해결했다. 왜 사람들이 필리핀에 열광하는지 알 것 같았다. 그런데 조금은 이상했다. 아무리 외곽지역이라지만 이렇게 한국인이 없을까? 그 의문은 그 다음 주말에 풀렸다.

레촌이란 어린돼지를 통째로 구워먹는 전통음식으로서
보통 필리핀에서 큰 행사가 있을 때 먹는 음식이다.
보통 칼라만시(필리핀 라임)과 간장소스에 찍어먹는다.
매우 느끼하기 때문에
한국 사람들은 그렇게 많이 먹지는 못한다.

• 열입곱번째 이야기 •

그들은 코리안드림을 꿈꾸었고
나는 흔쾌이 추천하지 못했다

"I love Korea. I want to visit Korea."

내가 다니는 필리핀 어학원 CDU에서 안전을 책임
지는 가드인 로버트한테 항상 듣는 말이다. 그
는 코리안드림을 꿈꾸었다. 그가 사는 집의
한 달 집세는 800페소, 우리나라 돈으로 환
산하면 2만 원에 해당하는 돈이다. 대부분의
학생이 학교 기숙사를 불만족스러워하지만
그는 기숙사 방이 호텔처럼 여겨진다고 했다.
그의 방은 말 그대로 비를 피해 누울 수 있을 정도의
공간밖에 되지 않았다.

필리핀의 많은 사람이 한국에 가기 위해 필요한 돈을 모으려고 잠을 줄여
가며 일을 한다. 예전에 우리나라가 아메리칸드림을 꿈꾸었듯 필리핀인
들도 자신의 꿈을 실현시켜줄 이상적인 나라로 한국을 생각했다. 로버트

역시 한국에 가려는 꿈을 품고 학교의 가드 일이 끝나면 클럽의 가드 일을 했다. 한국에 가려면 약 500만 원 정도가 필요하기 때문이다. 학교와 클럽을 합쳐 하루 16시간 정도의 일을 하는 것이다.

하지만 돈이 있다고 해서 다 갈 수 있는 것도 아니다. 그래서 그들에게 있어 한국 비자가 나온다는 것은 로또에 당첨이라도 된 것마냥 기쁜 일이다. 로버트는 항상 나한테 한국에 대해 묻곤 했다.

"한국은 어떠냐?"
"임금은 어느 정도 받느냐?"
"한국 사람들은 친절하느냐?"

나는 한국에서 일하고 있는 외국인 노동자의 현실을 사실대로 말해주지 못했다. 그저 한국인들은 대개 친절하다고만 얼버무리고 말았을 뿐이다. 사실 로버트는 아무리 일해 돈을 모아도 한국에 가지 못할 형편이었고, 그런 그에게 한국에서 일하는 필리핀 노동자의 고통을 굳이 말할 필요가 없다고 생각했다.

설령 갈 수 있다 하더라도 그가 한국에 가지 말았으면 하는 바람이 들었다. 물론 한국에서 일을 하게 된다면 지금 버는 것보다 몇 배에 해당하는 임금을 받을 것이 분명하지만 로버트의 환한 미소를 잃어버리게 될 것 같아 걱정이 되었다. 국적을 떠나 친구처럼 지냈던 로버트에게 한국은 좋은 곳이고 꼭 오라고 추천을 하지 못하는 현실이 서글프게 느껴졌다.

왜 한국인은
영어로 이야기하지 않는가?

일대일 수업과 그룹수업을 규칙적으로 하다 보니 조금씩 영어에 자신이 붙었다. 수업이 끝나면 로버트와 운동을 하곤 했는데, 그가 말해주는 필리핀 현지에 대한 이야기도 많이 알아들을 수 있었고 서로의 관심사에 대해서도 어렵지 않게 대화할 수 있게 되었다. 그런데 어느 날 로버트가 이런 질문을 했다.

"왜 한국인은 영어로 이야기하지 않아?"

이상한 질문도 다 있다고 생각했다. 필리핀에 온 한국인이라면 영어를 배우거나 출장을 온 것이 대부분일 텐데 영어를 쓰지 않는다니, 거참 이상한 질문이었다. 무슨 뜻이냐고 다시 물었다.

로버트는 어학원 정문을 지키는 가드였기에 무리지어 놀러가는 한국 학생들을 마주칠 기회가 많았는데, 한국 학생들이 항상 한국어로만 이야기해서 오히려 로버트가 한국어를 몇 문장 외울 정도라는 것이었다. 실제로 로버트와 대화를 나누는 동안에도 한국 학생들이 지나갔고 역시나 그들은 한국말로 대화를 했다.

"그건 수업이 끝나고 나서 친구들하고 편하게 이야기하는 거야."

이렇게 대답했지만 로버트는 이해하지 못했다. 자신은 정규교육을 받지 못했지만 영어를 할 수 있다며, 자기 월급의 몇십 배에 해당하는 돈을 내가며 필리핀에 어학연수를 온 그들이 왜 영어를 쓰지 않는지 납득이 가지 않는다는 것이다.

사실 로버트의 영어실력은 뛰어나진 않았지만 어느 정도 대화할 수 있는 정도는 되었다. 그는 간간히 영화를 보면서 대화를 따라하고 팝을 들으면서 영어를 배웠다고 했다. 그런 로버트이기에 한국 학생들을 이해하지 못하는 것이 당연했다. 게다가 그가 이 어학원에서 만난 일본인, 중국인들은 서로 영어로 이야기를 한다는 것이었다. 그가 이상하게 여길 만도 했다. 나 역시 배치메이드와 서로 영어를 쓰자고 약속했지만 대화를 나누다 보면 1분도 채 되지 않아 답답함을 느끼고는 한국말로 속닥거렸다.
비록 다른 영어권 나라에 비하면 저렴할지라도 소중한 돈을 모아 필리핀에 영어어학연수를 온 것이다. 그 목적을 잊어서는 안 된다고 생각했다. 가난해서 정규교육을 받지 못한 로버트가, 어렸을 때부터 영어를 배워왔던 나보다 영어를 잘하는 이 현상을 반드시 극복해 보이겠다고 다짐했다.

필리핀인이 농구와 복싱을
즐겨하는 이유는?

필리핀 거리를 돌아다니다 보면 남녀노소 누구나 농구를 한다. 농구골대가 전혀 있을 만한 곳이 아닌데도 동그란 구조물에 공을 던지는 식의 놀이를 즐긴다. 한국에서 인기 있는 야구나 축구 같은 스포츠는 필리핀에서는 상상하기 힘들다. 축구는 잔디구장은 논외로 치더라도 공을 이리저리 몰고 다닐 수 있는 공간이 있어야 하는데, 채 한 평이 되지 않는 곳에서 생활하는 그들에게 그런 공간이 있을 리 만무하다. 간혹 대학교 내에서 축구를 하기도 하지만 대학에 진학한다는 자체가 부유하지 않으면 불가하기 때문에 축구는 '부자들의 스포츠'라는 인식이 강하다. 야구는 두말할 필요가 없다. 장소가 없는 것도 문제지만 장비를 살 돈도 없다.

필리핀에서 농구 다음으로 즐기는 스포츠는 당구다. 하지만 우리가 치는 4구가 아닌 포켓볼을 즐겨한다. 작은 테이블에 당구공 대신 구슬로 포켓을 치는 광경을 자주 볼 수 있다. 그 다음 인기 있는 스포츠는 복싱이다. 아마 세계적인 복싱스타 매니 파퀴아오의 영향인 듯싶다. 스포츠용품을 파는 곳마다 복싱과 관련한 상품은 물론 매니 파퀴아오의 사진이 도배되어 있다. 복싱은 글러브만 있으면 돈이 들지 않는 스포츠이다 보니 가끔 체육관이라는 곳에 가보면 복싱 연습을 하는 필리핀인을 심심치 않게 볼 수 있다. 인생역전의 기회를 복싱으로 찾는 경우가 많은 것 같다.

필리핀에서의 인기 있는 스포츠와 한국의 인기 있는 스포츠는 그 성격이 다르다. 한국의 스포츠가 개인의 취향에 따라 즐기는 '기호식품' 이라면 필리핀의 스포츠는 공간적, 금전적 제약 속에서 선택할 수 있는 최선의 스포츠였던 것이다.

필리핀 음식, 발롯을 만나다

그날도 어김없이 수업이 끝나고 로버트에게로 갔다. 이번에는 음식에 관한 이야기로 대화가 흘렀다. 로버트는 개를 먹는 한국의 식문화에 대해 관심이 대단했다. 필리핀에서는 개를 식용으로 보지 않는다. 개를 가족처럼 여기기 때문만은 아니다. 필리핀 개를 보면 개고기에 환장한 사람도 못 먹을 정도로 피부병도 심하고 지저분한데, 오히려 그 비위생적인 더러움 때문에 먹지 않는 것 같다. 호주워킹홀리데이 시절 '개를 먹는다'고 하면 야만인처럼 쳐다봤는데 다행스럽게 로버트는 그렇게 보지는 않았다. 그는 단지 개고기는 어떤 맛이며 한국인은 왜 개고기를 좋아하는지 궁금해했을 뿐이다.

그가 개고기에 대해 알고 싶어하는 것처럼 나는 발롯에 대해 궁금했다. 그래서 기왕 음식에 대한 이야기가 나온 김에, 세계적 엽기음식으로 뽑히기까지 한 발롯을 왜 먹는지에 대해 물어보았다. 그런데 갑자기 로버트가 직접 먹어보자면서 자전거에 발롯을 싣고 다니는 사람을 붙잡는 것이 아닌가? 게다가 발롯과 함께 돼지 껍데기로 만든 치차론(필리핀의 대표음식 중 하나)을 먹어보자며 이 또한 두 봉지를 샀다. 난생 처음으로 듣도 보도 못한 두 음식을 먹게 될 형편이었다.

치자론은 몰라도 발롯은 절대 못 먹을 것 같았다. 계란을 깨고 그 안을 들여다보니 보송보송한 작은 병아리가 보였다. 나도 모르게 헛구역질이 나왔다. 그런 나를 쳐다보며 로버트는 어기저어기적 맛있게 발롯을 씹어 먹었고 계속해서 나에게 발롯을 권했다. 나는 왠지 그가 야만인처럼 보였다. 그를 생각해서 입 앞까지 발롯을 가져갔지만 차마 먹을 수가 없었다. 병아리만큼 자란 것은 아니더라도 깃털이 있고 부리가 있는 것을 먹을 수는 없었다. 그런 나를 이해한다는 듯 로버트는 치차론이라도 먹으라며 소스와 함께 건네주었다.

결국 발롯을 포기하고 돼지 껍데기로 만든 치자론을 먹었다. 그 맛은 뭐
랄까 양념 안 된 돼지 껍데기를 그냥 튀겨 먹는 맛이었다. 너무 느끼했
지만 내색하지는 못했다. 마치 한국에 처음 온 외국인이 난생 처음 김치
를 맛보고 억지웃음을 짓듯이 나 또한 그런 표정을 짓고 있었는지도 몰
랐다.

사람의 이중성이란 참 그렇다. 외국인이 개고기를 먹는 우리를 야만인이
라고 부를 때는 극도로 분노하면서, 나 또한 내색하지는 않았지만 발롯
을 먹는 그를 야만인처럼 생각했다. 하지만 음식문화가 '다르다'는 것이
곧 '틀린 것'을 의미하지는 않는다. 문화가 다른 사람들이 만나 친구가
되기 위해서는 이러한 '다름'을 인정하는 자세가 필요하다.

발롯은 수정은 되었지만 부화되지 않은
오리알을 인큐베이터에 두었다가 삶아먹는 것을 말한다.
우리나라로 따지면 곤달걀을 생각하면 되고,
많은 필리핀인들이 자양강장제로 즐겨먹는 음식이다.

• 스물한번째 이야기 •

필리핀 황제와 호주 거지

필리핀 어학연수 대세론까지 나올 정도로 필리핀 어학연수 시장이 점점 넓어지고 있다. 그러면서 '필리핀 황제와 호주 거지'라는 말이 은어처럼 떠돈다. 사실 호주워킹홀리데이를 선택하는 대부분의 사람은 영어를 공부하려는 목적보다 돈을 벌러 가는 목적이 크기 때문에 호주에서 돌아와서는 다시 필리핀으로 가서 영어공부를 한다.

실제로 내가 필리핀에서 만난 한국 학생 중 20퍼센트는 다른 나라에서 영어공부를 하거나 워킹홀리데이를 거쳐서 온 학생들이었다. 그들의 내막을 들여다보면 한국 학생들이 필리핀을 어떻게 인식하는지 알게 된다.

필리핀인들에게 한국이라는 나라는 동경의 대상이기 때문에 대부분의 필리핀인은 한국인들을 호의적으로 대한다. 종종 한국어를 사용하며 말을 걸어오기도 한다. 게다가 필리핀은 물가도 싸고 빨래 및 청소까지 도맡아 해주는 학원과 학교가 많다. 공부 빼고는 할 일이 없게 되는 것이다. 황제와 다름없는 대우이다.

반면 이들이 필리핀에 오기 전, 호주에서의 생활은 정반대였을 것이다. 호주에서 대접 받는 사람들의 순위를 매겨보면 1위 노약자 및 장애인, 2위 여성, 3위 애완동물, 4위 서양인 남성, 5위 영어 잘하는 동양인 남자, 6위 영어 못하는 동양인 남자인데, 대부분의 한국인 학생은 6위에 랭크된다. 영어를 웬만큼 하는 상태에서 호주에 가는 사람들이 극히 드물기 때문이다. 결국 호주워킹홀리데이를 선택한 학생들은 돈을 쪼개가면서 노동을 하는 거지 같은 생활을 하고, 필리핀에 와서는 황제 같은 생활을 누리는 것이다(물론 호주워킹홀리데이를 다녀온 모든 사람이 필리핀 어학연수를 택하는 것은 아니다).

그러나 주의할 것이 있다. 필리핀인들이 자신을 우러러보는 것으로 착각하여 예의 없게 행동해서는 안 된다. 필리핀인들이 한국인에 대한 인식 중에서 큰 비중을 차지하는 것이 한국인은 '예의 없다' 라는 것인데, 실제로 필리핀에 오래 있으면 사람이 변하는 것 같다. 한 번은 이런 경우가 있었다. 어떤 학생이 담배를 피고 있었는데, 바로 옆에 재떨이가 있는데도 그 밑에다가 담배를 버리길래 왜 재떨이에 버리지 않느냐고 핀잔을 주었다. 그러자 그 학생이 하는 말이 가관이다.
"어차피 필리핀 사람이 치우잖아요."
내가 필리핀에서 바라본 학생들의 그릇된 모습들. 그들은 필리핀에서는 '인간에 대한 예의' 가 없어도 된다고 생각하나 보다. '필리핀 황제와 호주 거지'. 그런 은어까지 나오게 될 정도로 한국인의 인식이 타락했다는 현실이 씁쓸하기만 하다.

필리핀에서 한류를 만나다

한 달 정도 필리핀에서 생활하다 보니 처음에는 '필리핀에서 어떻게 사람이 살 수 있을까' 라는 생각에서 '필리핀에 이민 오는 것도 괜찮겠다' 로 인식이 바뀌었다. 간혹 한국인이 택시를 탈 때 미터기를 켜지 않고 협상하려 드는 몇몇 경우가 있긴 하지만 필리핀 사람들은 대개 친절하고 사람 사는 냄새가 흘렀다.

게다가 필리핀에서의 한류열풍은 대단했다. 대형 쇼핑몰의 전자제품 매장에는 우리나라 영화가 늘 켜져 있고 거리에서나 매장에서나 2NE1의 'I' DONT CARE' 나 원더걸스의 '노바디' 등 한국 아이돌 그룹들의 최신곡을 어렵지 않게 들을 수 있다. 가끔은 이곳이 한국이 아닐까 하는 생각까지 들 정도다. 그만큼 한국의 대중문화가 깊숙이 침투했다는 뜻인데, 심지어는 원더걸스의 '노바디' 를 모른다고 했다가 살인이 났다는 이야기도 돌았다. 믿거나 말거나이지만 한류열풍인지 얼마나 대단한지 보여주는 단초다.

한국영화 블러드가 보여지는 모습

이곳에서 LG와 삼성의 제품은 최고급 브랜드의 제품이고, 우리나라의 중저가 화장품 브랜드는 필리핀 사람들이 받는 평균 월급의 10분의 1 가격으로 거래되는 고급화장품으로 인식되고 있다.

필리핀에 온 지 한 달이 조금 넘은 어느 날, 친구들과 필리핀 선생님의 집에 초대를 받은 적이 있었다. 나름 필리핀에서는 중산층에 속하는 선생님이었는데, 아이들 방에는 온통 「꽃보다 남자」 포스터가 도배되어 있었고 거실 수납장에 있던 DVD 대부분도 한국 드라마였다. 그 선생님의 아이들은 한국 드라마에서 배운 문장을 쓰며 우리 곁을 떠날 줄을 몰랐으며 한국 노래를 틀어주며 춤을 추는 등 신이 나 있었다. 아마 자기가 좋아하는 스타와 같은 나라에서 왔다고 생각하니 신기하면서도 친근했나 보다.

• 스물세번째 이야기 •

필리핀 여성의
목덜미에 적혀 있는 한국 이름

"형! 이번 주는 펌프 가요."

펌프는 세부 최고의 클럽이다. 나는 익히 들어 알고 있었고 예전 필리핀에 출장을 왔었을 때 잠깐 들르기도 했던 곳이다. 그래서 그곳에서의 문란함을 어느 정도는 알고 있었다. 하지만 나의 배치메이드들은 세부 최고의 클럽인 '펌프'에 대한 기대치가 상당했고 내가 갈지 말지 망설이거나 말거나 자기들끼리 일정을 잡고는 나에게 가자고 졸랐다. 결국 '그래, 뭐 어때. 춤만 추면 되지' 하는 생각으로 펌프에 함께 갔다.

'클럽'이라고 하면 흔히 홍대클럽처럼 젊은이들이 춤을 추는 공간이라고 생각할 수 있다. 하지만 필리핀에서의 클럽은 다르다. 춤이 좋아서 오는 사람도 있지만 대부분의 한국인 남자들은 먹잇감을 노리는 승냥이처럼 여자들을 기웃거리고, 여성들은 수청 들고 싶어하는 후궁처럼 한국 남자들의 관심을 끌기 위해 애정구애를 한다. 실제로 클럽 주변을 둘러보면 한국인 남자와 필리핀 여자가 스킨십을 하는 모습을 많이 목격하게 된다. 새벽 2시부터 3시까지는 일명 클럽의 피크타임이다. 이 시간대에 근처 비키니 클럽여성들이 퇴근을 하는데, 그러다보니 펌프 클럽도 흔히 말하듯 물이 좋아진다. 필리핀 학교들의 통금시간이 1시부터 2시 사이인 이유는 이러한 현실을 고려한 것이다.

그날 나는 그 클럽에서 목덜미에 한국어로 '영환'이라는 이름이 새겨져 있는 비키니걸을 보았다. 괜한 궁금증일 수 있으나 그 비키니걸에게 왜 한국 이름을 목덜미에 문신으로 새겼는지 물어봤다. 그녀는 자신의 남자친구가 해줬다고 대답했다. 어처구니가 없었다. 그 한국인 남자친구는 어디 갔는지 다시 물어봤다. 한국에 갔는데 이상하게 연락이 안 된다고 했다.

얼굴이 화끈거렸다. 한국인으로서 너무 창피했다. 평생 지워지지 않는 문신을 애완동물에게 하듯 표시해놓은 그 한국인을 내 상식으로는 도저히 이해할 수가 없었다. 그러나 그것은 나만의 상식일 뿐, 사실 우리나라에서 필리핀을 간다고 하면 다들 '재미 좀 보겠네'라는 식으로 말들을 하는 것이 현실이다. 나 역시 필리핀에 간다고 하니 친구들이 제일 먼저 하는 말이 "자식, 부럽네, 가서 재미 많이 보고 와라"는 말이었다.

이 나이에 영어 배우러 간다는 말은 하지 못하고 피식 웃고 말았지만 실제로 한국에서 필리핀에 인식은 그런 것인 모양이다. 남자가 필리핀에 6개월 동안 있으면 결혼등급이 떨어진다는 말도 있지 않은가.

• 스물네번째 이야기 •

목덜미 문신은
그들에게는 아무런 문제가 아니었다

목덜미에 문신을 한 그녀를 만나고 나서부터 마음이 안 좋았다. 같은 한국인으로서 필리핀 사람들에게 잘못을 하고 있다는 생각이 들어서다. 계속 마음 한 구석이 찜찜한 상태였는데, 어느 날 그 주제로 필리핀 선생님과 토론을 하게 되었다.

원칙적으로 필리핀에서의 영어수업 중 1대 1 수업은 주어진 교재를 중심으로 진행되지만 실제로는 사적인 이야기가 많이 오고가는 편이다. 그날도 이런저런 사적인 대화를 하다 우연히 그 비키니 여성을 만난 이야기를 했다.

그런데 필리핀 선생님은 뜻밖의 반응을 보였다. 흥분을 하면서 어떻게 그런 인간쓰레기 같은 사람이 있을 수 있느냐며 격분할 것이라 예상했는데, 그 정도는 문제가 아니라며 어깨를 으쓱해 보였다. 선생님 말에 의하면 대부분의 필리핀 사람들은 남녀 사이에서 일어나는 문제, 그리고 남녀가 사귀는 문제에 대해서는 일체 어떠한 간섭도 하지 않는다고 한다. 남녀 둘 사이의 믿음 외에는 문제될 것이 없다고 했다.

실제로 필리핀에서는 자살률이 높지 않지만 자살을 하면 대개 사랑 때문에 자살을 할 정도로 사랑에 대한 믿음이 대단하다. 그런 문화를 가지고 있는 필리핀에서 한국 남자들은 마치 모든 것을 다 해줄 것처럼 사탕발림으로 이야기하면서 임신을 시킨다. 그리고 도망가듯이 한국을 떠난다.

이럴 경우 우리나라 같으면 낙태수술이라도 할 수 있지만 필리핀에서는 철저히 낙태를 금하고 있기 때문에 수술을 받기가 쉽지가 않다. 또 종교의 영향으로 낙태를 한다는 것은 상상하지 못한다. 그래서 이런 상황에 처하면 대개 필리핀 여성들은 아빠 없이 아이를 낳고 기른다. 이것이 그 유명한 어글리코리안의 결과물 '코피노' 다. 한국인과 필리핀 사람 사이에서 나온 아이들. 그 아이들은 아버지가 없는 상태에서 자란다. 어린 시절에는 한국인인 아버지가 죽었다고 받아들이며 자라지만 나중에 어른이 되면 자신이 태어난 현실을 깨닫게 되면서 한국인에 대한 분노를 가지게 된다. 족쇄처럼 그들을 평생 따라다니는 것은 자신의 출신에 대한 심적인 혼란과 가난한 삶이다.

 한국인이 모르는, 필리핀에 관한 불편한 진실

이런 코피노가 필리핀 곳곳에 몇만 명이 있다고 한다. 그러니 목덜미의 문신은 그들에게 그렇게 큰 이슈가 아니었던 것이다. 하지만 이미 그들에게 한국인은 무책임하고 졸부라는 이미지로 박혀가고 있었다. 필리핀 선생님은 필리핀인과 미국인이 만나 생긴 자식인 필에이엠PHIL-AM과 코피노를 비교하기까지 했다. 미국인은 한국인처럼 무책임하지 않다는 것이다.

"미국인은 자신의 행동에 대해 책임을 지고 결혼을 한다. 설사 미국으로 돌아가야 하는 상황이 오더라도 그들은 대개 생활비 원조를 해줘서 필리핀에 남은 자기 가족들이 가난에 찌들어 살지 않도록 책임진다."

실제로 필리핀을 오게 되면 백인혼혈을 많이 보게 되는데 이들의 차림새나 표정은 코피노처럼 가난에 찌들어 있지 않다. 이런 이야기를 필리핀인에게서 직접 들으니 내가 그런 것이 아님에도 심히 부끄러워졌다. 예전 미군기지촌에서 미군들과 한국여성들에 대해서 성토하던 한국인들이 어찌해서 윤리적 가치관이 이리 허물어졌단 말인가. 더없이 부끄러운 한국인의 모습. 남이 하면 불륜이고 내가 하면 로맨스라더니 딱 한국인이 보이는 모습이 그랬다. 쥐구멍이라도 들어가고 싶은 심정이다.

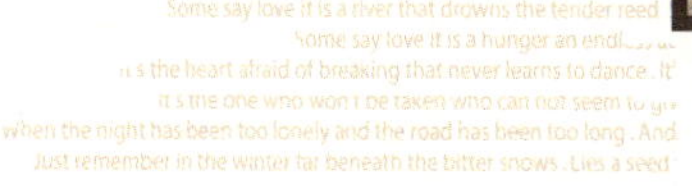

I LIKE KOREAN! I HATE KOREA!
• 스물다섯번째 이야기 •
지프니,
그렇게 위험한 것은
아니다

지프니는 말 그대로 지프 모양으로 생긴 대중교통수단이다. 우리나라 버스와 비교할 수 있는데 우리나라 사람들은 대개 필리핀 사람만 탈 수 있는 교통수단이라 생각하고 대개 택시를 탄다. 아무리 택시요금이 한국보다 싸다고는 하지만 이동할 때마다 택시를 타게 되면 생활비의 대부분이 택시비로 빠져나갈 수밖에 없다. 게다가 세부 같은 경우 100페소 이내면 대부분 갈 수 있는데, 택시기사가 기본요금(30페소)에 갈 수 있는 거리를 빙 둘러서 가는 경우가 허다하기 때문에 택시를 탈 때마다 실갱이를 벌여야 할 수도 있다.

한국인들이 지프니를 이용하지 않는 이유는 어떻게 타야 하는지 방법을 모르기 때문이기도 하지만 위험하다는 인식 때문이다. 거리에서 지프니를 보다보면 거리의 무법자가 따로 없다. 과연 필리핀에 도로법이 있는지에 의심이 날 때가 한두 번이 아니다. 하지만 지프니를 타보지 않고도 필리핀을 왔다고 할 수 있을까? 그래서 도전해보기로 했다. 물론 필리핀 친구를 대동하고서다.

지프니의 기본요금은 7페소다. 우리나라에서는 어떠한 교통수단을 타든 안쪽부터 착석을 하지만 지프니는 타는 쪽에서부터 착석을 한다. 그런데 그 이유가 재밌다. 지프니는 예전 우리나라 버스안내양 역할을 하는 사내들이 요금을 받는데, 뒷자석 안쪽에 자리 잡고 있어서 요금을 옆으로 전달해서 낸다. 그러다보니 맨 안쪽에 앉는 사람은 항상 돈을 전달하는 역할을 하게 되므로 그게 싫어 되도록 문 쪽에 앉는다는 것이다.

목적지에 다 왔을 때는 휘파람을 불거나 동전으로 쇠손잡이를 쳐서 자신이 내릴 것임을 알린다. 한국 사람들이 지프니에 대해 가장 헷갈리고 궁금해하는 것이 노선이다. 과연 지프니는 어떤 루트로 움직이는가. 왕도는 없다. 이를 알기 위한 가장 좋은 방법은 지프니 정류장에서 필리핀 사람에게 물어보는 것이다. 다행히 관광객을 많이 접한 필리핀 사람들은 낯선 이가 길을 물어보면 친절히 답을 해준다. 그러니 그런 기회를 일부러라도 만들어 길을 물어보는 영어표현을 연습하는 것이 좋다. 나는 이런 식으로 지프니를 500번 정도는 타본 것 같다. 택시요금으로 환산하면 몇 갑절에 해당하는 요금을 절약한 셈이다.

그렇다면 문제는 위험성 하나만 남는다. 과연 지프니는 위험할까? 내 결론은 그렇게 위험하지 않다는 것이다. 지프니는 우리나라 버스와 같은 대중교통수단이라서 필리핀 사람들이 많이 타고 있다. 그 안에서 강도 행위가 일어나는 것은 우리나라에서 깡패 만나는 것과 같은 확률로 보면 된다. 문제는 그 확률의 대부분이 한국인을 표적으로 삼고 있다는 것인데 이는 한국인에게도 일정부분 책임이 있다. 대개의 한국인은 값비싼 물품을 주렁주렁 달고 다니고 지프니 안에서 카메라 셔터를 찰칵찰칵 눌러 사진을 찍는데, 지프니는 창문 없이 외부로 개방되어 있는 구조이기 때문에 목걸이를 채가는 경우가 많고 특히나 밖의 풍경을 담으려는 사진기를 갈취하는 사고가 많이 일어나는 것이다. 따라서 지프니에서 사진을 찍는 행위는 일행이 많을 때가 아니고서는 해서는 안 된다. 한국인들이 가지고 있는 물품을 훔칠 경우 한 달 월급에 해당하는 돈을 얻을 수 있으니 그런 유혹을 물리치기 어려울 수 있다. 사전에 조심하는 것이 최선이다.

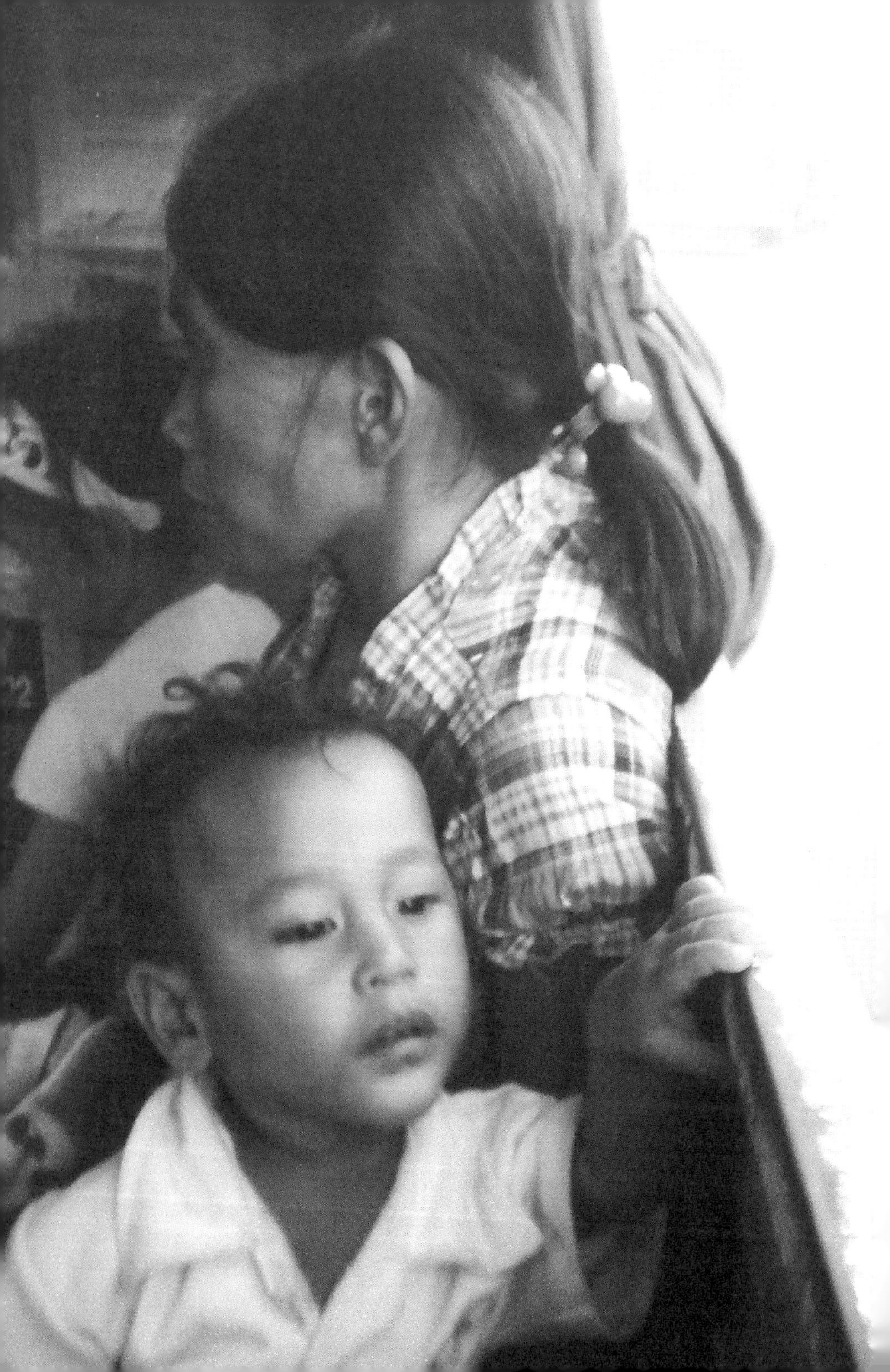

필리핀인들이 즐겨 타는 지프니 혹은
전통시장 같은 곳을 갈 때는 장신구 같은 것은
들고 가지 않는 것이 좋으며,
잔돈도 미리 준비해서
내 수중에 돈이 많다는 것을 보이지 않는 것이 중요하다.
특히 밤에는 여러 사람이 함께
이동하는 경우가 아니라면 지프니를 타지 말자.

I LIKE KOREAN! I HATE KOREA!

• 스물여섯번째 이야기 •

필리핀인은
공공시장에서 물품을 산다

단기간 필리핀 어학연수를 하는 사람에게 핸드폰은 필요할까? 내 결론은 꼭 필요하다는 것이다. 기숙사 생활을 한다고 하더라도 밖에 나갈 일은 있기 마련이고 필리핀 사람들과 친하게 지내려면 핸드폰은 거의 필수다. 더군다나 문자 서비스를 많이 이용하는 편이라면 영어로 문자를 써야 할 수밖에 없으므로 영어실력 향상에도 큰 도움이 된다.

그렇다면 필리핀에서 핸드폰을 가장 싸게 살 수 있는 방법은 뭐가 있을까? 우리가 일반적으로 생각할 수 있는 방법은 대형쇼핑몰에서 구입하는 것이다. 쇼핑몰에서는 1200페소에서 1600페소 정도의 가격으로 가장 기초적인 기능이 있는 핸드폰을 살 수 있다. 대개 한국인 어학연수생들은 여기서 핸드폰을 구입하는데, 필리핀에 오래 있을 것도 아니므로 굳이 좋은 핸드폰을 살 필요도 없어 핸드폰 기종이 거의 대동소이하다.

하지만 나는 쇼핑몰에서 핸드폰을 사는 것은 사치라고 여긴다. 실제로 보통의 필리핀 사람들은 절대로 쇼핑몰에서 핸드폰을 사지 않는다. 필리핀 각 도시에는 재래시장과 같은 시장이 존재하고 그곳에 우리나라 용산 전자상가처럼 전자제품만 파는 곳이 따로 형성되어 있다. 필리핀 사람들은 그곳에서 전자제품을 구입한다. 가격도 쇼핑몰보다 10~20퍼센트 저렴하다. 흥정도 할 수 있고 기본적인 기능만 가능했던 폰을 사는 가격에 카메라 기능과 MP3기능을 가지고 있는 폰을 구입할 수도 있다. 단, 주의할 점은 점원이 새 제품이라고 내놓더라도 절대 새 제품이라고 믿어서는 안 된다는 것이다. 또 10개 중에 3개 정도는 불량품이니 몇 개월 정도의 보증을 받을 수 있는지 반드시 증명서를 떼어 달라고 하고 영수증도 버리면 안 된다.

이것저것 따지고 고려해야 할 것이 많긴 하지만, 나는 어떤 것이든 대형쇼핑몰에서 심플하게 구입하는 것보다 필리핀 사람들이 삶을 느낄 수 있는 곳을 찾아다니며 외국인으로서 머물지 말고 그들이 하는 것처럼 몸으로 체험하는 것이 바람직하다고 생각한다. 그래야 진정 필리핀에 왔다고 할 수 있지 않을까? 내가 만난 필리핀 친구들은 한결같이 말한다. 왜 한국인들은 울타리를 치고 나오지 않느냐고. 실제로 내가 봐온 한국인 대부분이 울타리를 치고 외국인으로서만 머물고 있었다.

'이 더러운 곳에서 어떻게 살아!'
'그것을 어떻게 먹어!'

그들의 얼굴에는 이러한 생각들이 그대로 드러나 있다. 그러니 필리핀 사람들 또한 한국인에게 거리감이 있을 수밖에. 진정 필리핀에서 친구를 사귀고자 한다면 그런 마음부터 고쳐먹어야 할 것이다.

• 스물일곱번째 이야기 •

한국인 남자만 잘못이라고!
천만의 말씀!

많은 사람이 필리핀에 사는 남자늘은 필리핀 현지 여자들과 문란하게 논다고 매도하곤 한다. 간혹 뉴스를 장식하기도 하고 '카더라' 통신을 근거 삼아 술자리 안주로 이런저런 이야기를 하기도 한다. 사실 일부 남성들이 그러는 것은 맞다. 하지만 이곳 필리핀에서 생활하면서 느낀 점은 '성문제'에 관한 한 남자만이 이러한 행동을 하는 것은 아니라는 사실이다.

내가 어느 필리핀 학교에 있을 당시 한 여학생이 한 달 동안 기숙사에 들어오지 않았다. 나중에 알고 보니 학교매점 필리핀 남직원과 바람이 나서 밖에서 동거를 하는 것이었다. 그 사실을 알고 나는 학교 측에 통보를 하였고 학교측은 그 여학생을 찾아 기숙사로 데리고 와서 그녀의 입장을 듣고자 했다. 그런데 내 예상과는 달리 그 여학생은 너무나 당당했다.

"자연스럽게 영어를 쓰고자 필리핀 남자친구를 둔 것뿐이에요. 이게 왜 문제가 되나요?"

너무나 당당한 모습에 모두 어안이 벙벙했다. 물론 그녀의 말처럼 아무런 사심 없이 필리핀 현지 친구를 사귄 것일 수도 있다. 또 미꾸라지 같은 한 사람 때문에 한국여학생 전체를 호도해서는 안 된다고 이야기할 수도 있다. 하지만 내가 필리핀에서 보고 듣고 겪은 경험에 의하면 이러한 행동을 하는 여학생들이 한둘이 아니라는 데 문제가 있다.

나는 필리핀에 있는 동안 2주 과정으로 9곳의 어학교를 다녔고 이러한 문제가 특정한 한 학교, 한두 학생의 문제가 아니라는 것을 알았다. 내가 만난 필리핀 선생님 또한 많은 한국 여학생이 영어를 위해서 접근을 한다고 말했다. 영어로 프리토킹을 하기 위해 만난다고는 하지만 남녀가 만나다 보니 이들 사이에 성관계가 이루어지는 것이 흔하다는 것이다.

그런데 여기에서부터 필리핀 남자친구와 한국인 여자친구의 관계 인식이 차이가 난다. 나와 친하게 지냈던 그 필리핀 선생님은 그 한국인 여학생을 연인으로 특별하게 여기고 결혼까지 생각했던 반면 그 여학생은 한국에서 남자친구가 오자 바로 그 필리핀 선생님을 외면했던 것이다. 필리핀 선생님은 그때 여학생이 영어를 배우려고 자신이 이용했다는 느낌을 받았고 이후부터는 한국인 여학생 전체를 좋게 보지 않았다.

필리핀은 어학교마다 학교규정이 있는데 이해가 안 되는 조항들이 더러 있다. 그 중 하나가 '학교 허락 없이 선생님과 학생이 만나지 마라' 는 조항이다. 처음 필리핀에 갔을 때 나는 이 조항을 이해하지 못했지만 이제는 그 조항이 만들어진 배경을 이해할 수 있다. 규정 대부분은 학생들이 하는 행동에 따라서 만들어지기도 하고 없어지기도 하는 것이니까.
내가 이러한 사건들을 개개인의 문제, 학교의 문제라고 축소할 수 없는 이유는 이러한 모습이 쌓여 한국인의 이미지로 굳어질까 염려돼서다. 외국에서 행하는 개개인의 행동은 어떠한 의미에서는 한국의 이미지를 결정지을 수 있는 큰일이다. 한국을 떠나 외국에서 생활할 때는 이러한 점을 생각하며 처신할 필요가 있지 않을까?

필리핀 학교규정이
점점 스파르타화되는 이유

필리핀 학교는 대부분 통금시간이 있다. 심하면 평일 외출을 금하는 학교도 있고 대개는 새벽 2시부터 6시까지 출입을 통제한다. 다 큰 어른들이 다니는 학교인데 좀 너무한 거 아니냐고 생각할 수도 있는데, 이러한 규정 또한 학생들의 행동이 빈번해지고 문제를 일으키자 만든 규정이다.

이러한 규정이 생겨난 배경은 이렇다. 많은 한국인 학생이 평일 외출을 감행하여 술을 마시거나 클럽에 간다. 그런데 1차에서 끝나지 않고 2차, 3차까지 가기 마련이고 결국 외박으로까지 이어진다. 그러다보니 술에 취한 한국인이 표적이 되어 소매치기도 많이 일어나는 등 문제의 심각성이 날로 커진다.

이런 현실을 반영하여 필리핀 학교들이 자체적으로 규칙을 만들어낸 것이다. 하지만 이런 규정이 있음에도 적지 않은 학생이 계속해서 일탈행동을 하고 있어 점점 통금시간이 앞당겨지고 있다. 또 통금시간을 지키지 않는 경우에는 주말외출·외박금지, 강제적인 자율학습 등으로 학생의 자유를 통제한다.

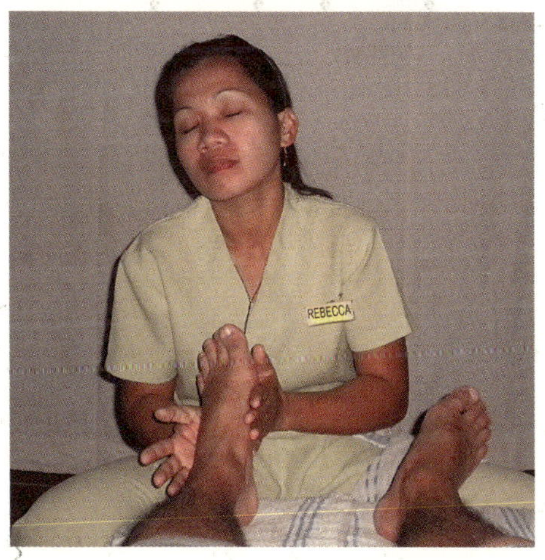

발 맛사지

재미있는 건 학교들이 이러한 노력을 하면 할수록 학생들 또한 학교규칙에 걸리지 않는 나름의 방법을 강구한다는 것이다. 하나의 예로 아침 일찍 들어가는 방법이 있다. 기숙사의 통금시간이 있고 가드가 있다 하더라도 모든 학생을 통제하기에는 역부족인 만큼, 통금시간이 지나서 들어올 것 같은 날은 아예 날밤을 샐 계획으로 나간다. 그러고는 아침 일찍 등교하여 근처에 산책을 하다 온 것처럼 행동하는 것이다. 혹시나 너무 졸릴 때는 마사지숍에서 통금시간 전까지 눈을 붙이고 들어오기도 한다(실제로 밤에 마사지숍은 자리가 없을 정도다).

또 하나의 예는 기숙사 내에서의 음주다. 기숙사 내 음주 노하우는 먼저 온 학생으로부터 전수를 받는다. 필리핀 선생님과 같이 거주를 하는 학교도 있는데, 이 경우 필리핀 선생님의 가방은 뒤지지 않는다는 점을 이용해 선생님의 가방에 술을 넣어 가져오기도 한다. 심지어 가드를 매수해서 술을 들여오기도 한다.

예전에 필리핀 학교들은 학생들의 양심을 믿는 경우가 대부분이었고 학교규정 또한 A4 용지 한 장 분량이었다. 하지만 그런 믿음이 여지없이 빗나가게 되자 기숙사 내 규정들이 더욱 강해졌고 지금은 A4 용지 네 장으로 늘어난 상태다.

현재 대부분의 필리핀 학교들은 강한 스파르타 정책을 쓰고 있다. 학생들 또한 자신을 잡아주는 학교를 원하고 있다. 우리는 언제까지 타성에 젖어 누군가가 잡아주지 않으면 아무것도 하지 못하는 사람이 될 것인가?

필리핀에서는 스파르타.
세미 스파르타.
클래식 학원 등으로 학원이 분류된다.
하지만 대부분의 학교들이 클래식에서 세미 스파르타로
혹은 스파르타로 바뀌고 있다.
스파르타 학원은 더더욱 생활규정을
엄격하게 적용하고 있다.
단순히 다른 것은 수업을 자발적으로 참가하느냐
아니면 강제적으로 참가하느냐 차이일 뿐이다.

• 스물아홉번째 이야기 •

필리핀에는
마닐라, 세부, 바기오만
있는 것이 아니다

필리핀 어학연수를 생각하는 사람은 대부분 세부와 마닐라 지역을 염두에 둔다. 조금 더 필리핀에 대해 아는 사람이라면 바기오 정도를 생각한다. 나 역시 호주와 필리핀 유학 컨설턴트로 일을 했음에도 세부와 마닐라를 주로 추천했고, 정말 공부를 안 하고 스스로를 제어하지 못할 것 같아보이는 사람을 상담할 때만 스파르타 교육의 시초로 평가하는 지역인 바기오를 추천했다.

하지만 내가 직접 필리핀 어학연수를 하면서 그동안 내가 우물 안 개구리였다는 것을 알게 되었다. 나는 일반적인 어학연수 코스 대신 9군데의 학교를 2주 동안 다니는 식으로 어학연수 코스를 밟았는데, 이런 코스는 아무래도 유학 컨설턴트를 하면서 알고 지낸 인맥이 있기 때문에 가능한 것이었다.

한국에서 유학 컨설턴트로 일하고 있는 대부분은 그 지역을 제대로 알고 상담을 해주는 경우가 드물다. 현지의 학교들이 한국인 마케터를 이용하여 운영하기 때문에 필리핀에 가보지 않고도 컨설팅이 가능하다. 그러다 보니 현지의 제대로 된 정보를 알 수도 없지만 몰라도 불편하지 않다. 그들이 컨설팅하는 일반적인 방법은 학교와 유학원의 관계에 따라 좋은 학교와 나쁜 학교로 구분히여 추천하는 것이다.

또 몇몇 유학원은 국내선까지 타야만 갈 수 있는 지역은 선호하지 않는다. 나 또한 유학원 재직 당시 세부와 마닐라 외의 지역은 추천하지 않았다. 필리핀이 다른 나라에 비해서 위험하기도 하고 괜히 사고라도 날까 염려되어 애초에 세부와 마닐라 외의 다른 지역은 이야기해주지도 않은 것이다. 설사 학생들이 지역을 정하고 오더라도 웬만하면 가장 수월한 세부로 마음을 돌리게 한 경우가 많았다.

하지만 내가 직접 필리핀에서 어학연수를 하면서 '내가 필리핀을 너무 좁게 정의 내렸구나', '내가 그 동안 했던 유학 컨설팅 방법이 그리 좋은 방법은 아니었구나' 하고 깨달았다. 실제 가서 보니 필리핀은 지역마다 언어도 다르고 살아가는 생활방식도 달랐다. 세부는 세부만의 특색이 있고 마닐라는 한 나라의 수도인 만큼의 분위기를 가지고 있다. 바기오와 다바오 등 각 지역 또한 각각 나름의 분위기를 가지고 있다. 이처럼 필리핀은 각 지역마다 학생의 특성에 맞는 분위기가 조성되어 있어서 학생 개개인의 특성에 맞는 어학연수 지역을 선택해야 할 필요가 있었다.

지역을 선택했다면 그 다음은 커리큘럼을 봐야 한다. '수업이 모두 필리핀 사람하고 일대일로 이루어진다니 커리큘럼이야 거기서 거기겠지' 라는 생각은 금물. 오래된 학교, 입소문이 난 학교, 과정이 특성화되어 있는 학교 등으로 나뉘듯 학교마다 제각각 커리큘럼에 특색이 있다. 이는 강남과 종로에서 영어학원을 다닐 때 느끼는 차이처럼 확연하다.

그러므로 필리핀으로 어학연수를 가려는 이유가 '기초 없는 사람은 필리핀을 가야 된다' 는 조언 하나만 믿고 아무데나 가는 것이라면 차라리 안 가는 것이 낫다. 가기 전에 반드시 자신에게 맞는 지역, 자신에게 맞는 커리큘럼을 가진 학교를 조사하여 준비를 해야 한다.

I LIKE KOREAN! I HATE KOREA!

space tips

PHILIPPINES

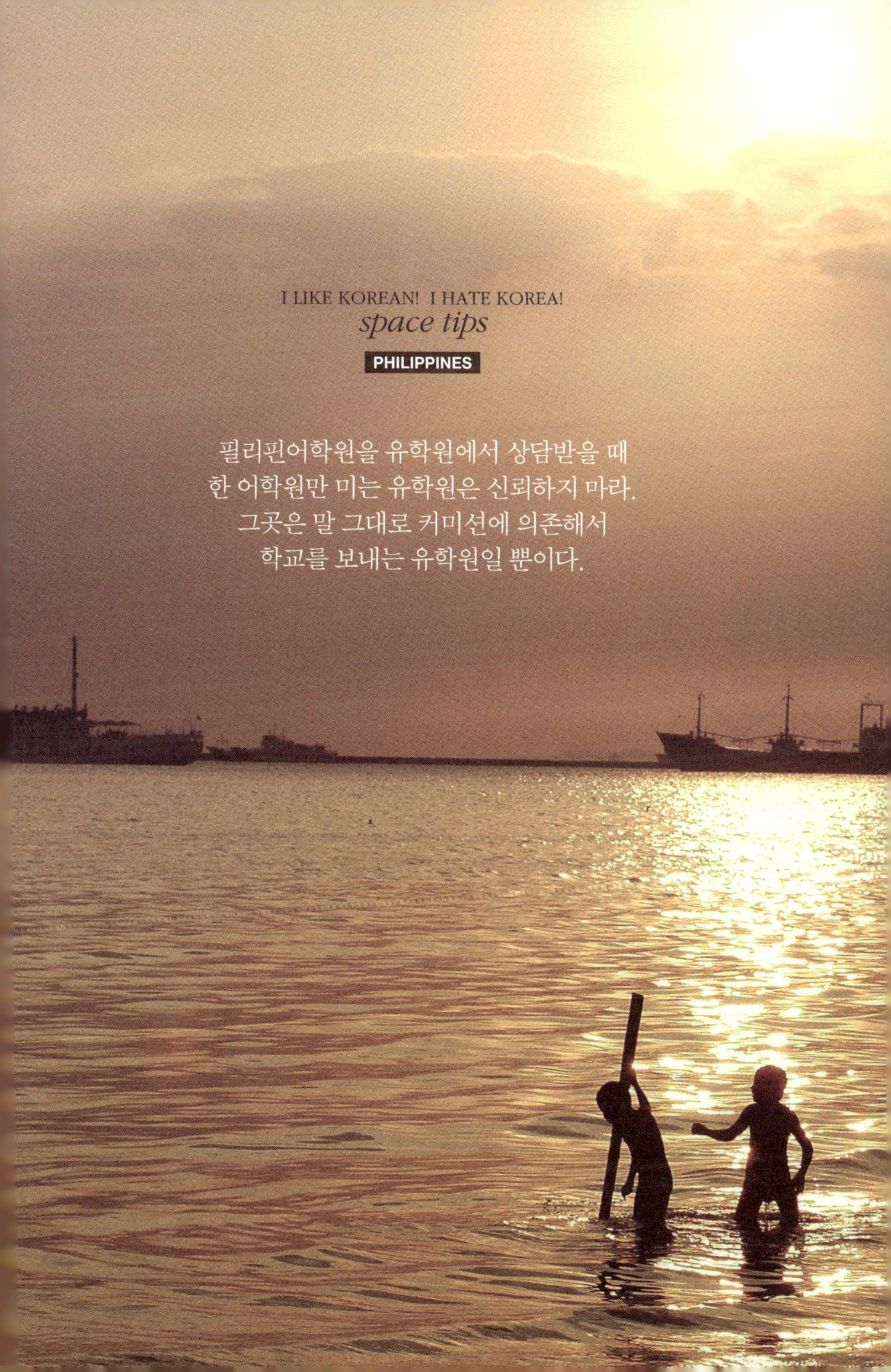

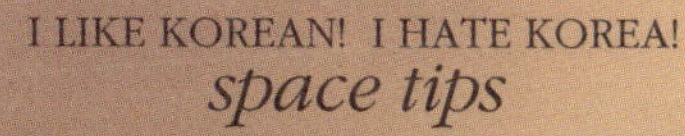

필리핀어학원을 유학원에서 상담받을 때
한 어학원만 미는 유학원은 신뢰하지 마라.
그곳은 말 그대로 커미션에 의존해서
학교를 보내는 유학원일 뿐이다.

국내선을 타고 다바오로!

세부에 있는 세 개의 학교를 거쳐 다음으로 간 곳은 다바오에 있는 E&G 학교였다. 세부를 벗어나 낯선 곳으로 떠나는 데에는 약간의 용기가 필요하다. 세부에서는 혼자 지프니를 탈 수 있을 정도로 익숙해졌는데 다시 다른 지역으로 가면 다시 초보자 신세가 될 것이고, 다바오라는 지역은 국내선을 타야 하는데 처음 타보는 국내선에 약간 겁도 났다. 콜럼버스가 신대륙을 찾아 떠날 때만큼의 두려움은 아니겠지만 적어도 나한테는 그 정도의 설렘과 두려움으로 느껴졌다.

그 전까지 나는 외국은 여러 번 나갔어도 국내선은 타보지 못했다. 세부에서 다바오로 가는 국내선이 내가 처음 타보는 국내선이었다. 사실 국내선이라고 해서 국제선과 크게 다를 것은 없다. 국제선하고 거의 같은 수순으로 타면 되기 때문이다. 하지만 현지 사람이 90퍼센트 이상 타는 비행기니 긴장되는 것은 어쩔 수 없었다.

WELCOME
TO
DAVAO
CITY

다바오로 가는 국내선 안에서는 영어를 쓰는 사람이 거의 없었다. 그들은 자신들의 언어인 따갈로어를 썼다. 나는 혼자서 이방인이 된 채 다바오에 도착하기만을 기다릴 수밖에 없었다. 다바오공항은 내가 생각했던 필리핀에 대한 선입견을 바꿔놓기에 충분했다. 도착하자마자 앵벌이가 바글바글한 세부 막탄 공항하고는 분위기가 많이 달랐고 공항의 크기는 작았지만 깔끔했다. 지금껏 내가 알고 있던 필리핀과는 많이 다른 모습, 다바오는 계획된 도시였다.

거리에서도 마찬가지였다. 필리핀의 상징이라고 생각될 정도로 지저분한 거리는 존재하지 않았고 좀비 개라고 불릴 정도로 지저분한 개들도 보이지 않았다. 길거리는 깨끗했고 거리를 따라 가로수가 심어져 있었다. 거리를 지나가는 사람도 자신감이 넘쳐보였다. 앵벌이도 없었고 세부에서 봐왔던 지저분한 사람들의 모습은 찾아볼 수 없었다.

학교수업이 시작되지는 않았지만 나는 이미 다바오의 매력에 푹 빠졌다. 그 동안 왜 다바오라는 지역을 알지 못했는지, 다바오라는 지역을 소개해주지 못한 것에 대해 후회가 될 정도였다. 요즘 은퇴이민으로 다바오를 많이 찾는다는데, 나도 은퇴 후에 이곳에 정착할까 싶은 생각까지 들었다.

다바오로 가는 방법은
국제선이 있는 마닐라, 세부에서 국내선을 타고 가야 된다.
보통의 경우는 세부퍼시픽을 이용하며
인터넷예매가 현지 항공사를 통하는 것보다 저렴하다.
세부퍼시픽은 가끔 프로모션을 통해서
말도 안 되는 가격에 판매되기도 한다.
자주 인터넷을 통해서 프로모션 여부를 확인하는 것이 좋다.

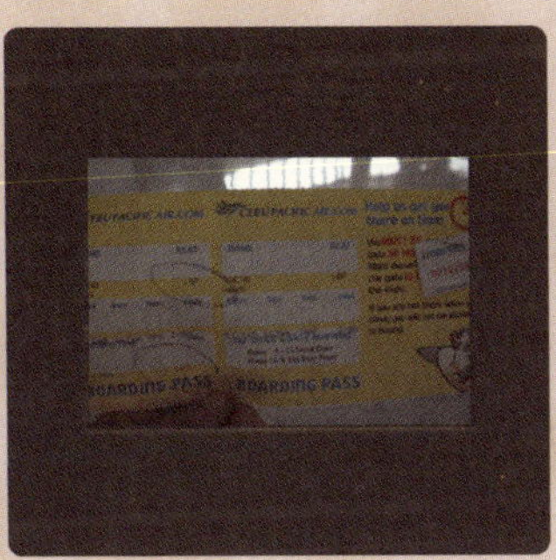

• 서른한번째 이야기 •

일본인 룸메이트 KO를 만나다

기숙사를 들어선 나는 순간 당황했다. 룸메이트가 한국인이 아닌 일본인 이었던 것이다. 아무리 동양인은 잘 구분이 안 된다고는 하지만 그의 삐 쩍 마른 몸매와 한국에서는 이해하지 못할 패션스타일을 보면 누구든지 딱 봐도 '아! 일본인이구나' 하고 느낄 정도로 그는 전형적인 일본인이었 다. 그래서 나는 대화도 나누기 전에 그가 일본인임을 알았다.

호주에서 일본인을 만난 적은 있지만 같이 방을 쓴 적은 없었던지라 어떻게 해야 할지 조금 난감했다. 그가 먼저 말을 걸어줘서 어찌나 다행이었는지, 그는 필리핀 학교를 오면 당연히 한국인과 방을 쓸 것이라고 생각했다고 한다.

그의 이름은 코였다. 나이는 35세. 시티은행에서 일을 하는데 2주 휴가를 받아 여행 겸 어학연수를 하러 왔다고 한다. 조금 어이가 없었다. 2주 동안 어학연수를 한다고 얼마나 영어실력이 늘겠는가. 그런데 그의 말을 들어보니 그는 정말 삶을 즐길 줄 아는 사람이었다. 매년 2주씩 휴가를 받아 캐나다로, 미국으로, 호주로 전 세계를 돌아다니면서 여행도 하며 어학연수를 한다는 것이다.

"필리핀은 어떤 것 같나요. 코."

"정말 너무 좋은 것 같아요. 물가가 싸서 다른 나라보다 적은 금액으로 마음껏 먹을 수 있고……. 작년에는 세부에 머물렀는데 너무 좋아서 이렇게 다시 다바오로 왔지요. 다바오도 정말 좋네요."

망고를 좋아했던 그는 일본에서 판매하는 망고 가격의 10분의 1도 안 되는 돈으로 망고를 먹을 수 있다는 그 자체만으로도 필리핀에 매료된 듯싶었다. 잘 지내자면서 손을 내미는 코. 그는 처음 일본인을 만났다는 긴장감이 금세 사라질 만큼 배려심이 깊은 사람이었다. 왠지 친구가 될 것 같은 예감이 들었다. 실제로 코와 나는 잠자기 1시간 정도 그날 하루의 일을 영어로 이야기하기로 했는데, 그러면서 우리는 서서히 서로를 알아가게 되고 국경을 초월하는 우정을 나눌 수 있게 되었다.

사실 나는 일본인을 그렇게 좋아하지 않았다. 쪽발이라는 원색적인 표현을 해가며 싫어한 것은 아니지만 계속된 독도망언을 일삼는 일본이 싫은 건 어쩔 수 없었다. 하지만 그와 함께 있으면 있을수록 일본인의 친절함. 남을 배려하는 마음에 감탄하게 된다. 필리핀 선생님들도 속마음은 어떤지 몰라도 일본인은 예의 바른 사람, 한국인은 남 신경 안 쓰는 예의 없는 사람으로 인식했다. 하나의 예로 수업 시간에 필리핀 선생님이 "필리핀에 대해서 어떻게 생각하느냐"는 질문을 한 적이 있는데, 한국 학생들은 가난하고 지저분한 이미지라고 대답한 반면 일본인은 친절한 사람들이라고 대답했다. 속마음이야 알 수 없지만 듣는 사람 입장에서는 일본 학생의 대답이 듣기 좋은 것은 인지상정 아닐까?

일본인이 코와 함께 지내는 동안 사람과 사람이 만날 때 가식적인 예의이더라도 상대방을 배려하는 모습은 배워야겠다는 생각이 들었다.

일본인 발음, 한국인 발음,
그리고 필리핀 선생님의 발음

맥도르나르도."

맥도날드의 일본식 발음이다. 우리는 이런 일본인의 영어발음을 놀리지만 필리핀 선생님들은 이렇게 말한다.

"일본인보다 한국인의 발음이 더 못 알아듣겠다."

우리나라 사람이 착각하는 것 중의 하나가 일본인보다 발음이 좋다고 생각하는 것이다. 일본인과 함께 그룹수업을 하다보면 킥킥대면서 일본인들의 발음을 우습게 여기는 학생도 심심치 않게 볼 수 있다. 하지만 필리핀 선생님 입장에서 보면 한국인 발음 역시 못 알아들을 정도로 이상하며, 되레 시간이 지나다 보면 일본인들과 수업을 하는 것이 훨씬 수월해진다고까지 한다.

필리핀 선생님이 이렇게 생각하게 된 이유는 뭘까? 곰곰이 생각해봤다. 마침내 한국인은 자신의 발음이 낫다는 우월감을 갖고 있고 필리핀 선생님의 발음을 불신하고 있다는 데 생각이 미쳤다. 즉 선생님을 전적으로 믿지 않으니 공부든, 수업이든 잘될 리가 없다는 것이 내 나름의 결론이다. 반대로 일본인들은 자기 스스로 발음이 나쁘다는 것을 인지하고 공부를 하니 수업에 집중력도 좋고 영어레벨도 쉽게 올라간다.

실제로 한국에서 영어를 조금 할 줄 안다 하는 사람들은 필리핀 영어를 무시한다. 선생님 수준이 떨어진다면서 필리핀 선생님 자체를 평가절하하기도 한다. 이런 인식 때문에 한때 필리핀 학교들은 네이티브 선생님을 한 명씩은 꼭 채용했다. 한국인 학생들이 네이티브 선생님들이 없으면 교육에 신뢰를 하지 않았기 때문이다.

하지만 이제는 대부분의 학교들이 꾸준한 자체평가로 선생님을 육성하는 방식으로 바꾸었다. 아무래도 네이티브 선생님은 필리핀 선생님에 비해 몇 배에 해당하는 급여를 줘야 하는데, 검증이 안 된 네이티브 선생님을 구색 맞추는 식으로 고용하기보다는 자체적으로 우수한 선생님을 키우는 것이 낫다는 생각에서다. 아직까지 한국 학생들이 네이티브에 대한 동경을 가지고 있고, 영어가 모국어인 네이티브 선생님의 발음이 필리핀 선생님보다 유창한 것도 사실이지만 이러한 변화는 바람직해 보인다.

우리 또한 지금 필리핀에 온 것은 발음도 발음이지만 자신감을 가지고 영어회화를 하기 위한 것임을 잊지 말아야 한다. 필리핀 선생님들의 발음이 이상해 보여도 그들은 네이티브들과 거리낌 없이 대화를 하는 실력 있는 선생님이다. 필리핀 선생님의 발음 핑계를 대며 영어 실력이 안 늘었다고 하는 것은 자신에게 면죄부를 주는 행위일 뿐, 영어공부에 대한 가장 큰 적은 자기 자신과의 싸움이라는 것을 잊지 말자.

필리핀학교를 네이티브 선생님의 유무로써
학교를 평가하지 마라.
필리핀학교 평가는 네이티브 선생님의 유무가 아닌
커리큘럼의 유무다.

• 서른세번째 이야기 •

방음이 안 되는 강의실,
하지만 그들은……

여러 학교를 돌아다니다 보니 각 학교의 장단점이 많이 보였다. 어떤 학교는 커리큘럼은 잘되어 있지만 시설이 안 좋았고 어떤 학교는 선생님이 수시로 바뀌어 학생들의 불평이 극에 달했다. 하지만 나에게 어떤 학교가 가장 불만이었느냐고 묻는다면 '방음이 안 되는 학교'를 꼽을 것이다. 이유는 단 한 가지. 수업을 하는 데 집중을 할 수가 없어서다.

이번 학교는 그러지 않기를 바라며 수업을 들어갔다. 그런데 여지없이 나의 기대는 무너졌다. 이 학교는 일대일 수업 강의실이 개방형이었다. 천장이 뻥 뚫려 있어서 옆에서 하품을 해도 들릴 정도로 방음이 되지 않았다. 너무 난감했다. 이곳에서 수업이 이루어지는 것 자체가 이상할 정도였다. 그런데 학생들은 별 불만이 없어 보였다. 필리핀 선생님들도 시설에 대한 불만이 없었다. 오히려 그런 불만을 가지는 나를 이해하지 못했다. 결국 수업에 집중 못하는 나를 두고 선생님이 말을 걸었다.

“데이빗, 왜 이렇게 집중을 못해요.”

“사람들 소리가 너무 많이 들려서요. 다른 학교에서는 이 정도로 방음이
 안 되지 않았는데 조금 심한 것 같아요.”

“왜 다른 사람을 신경 써요. 그냥 자기 수업에 집중하면 되지.”

이 학교는 아예 처음부터 개방형으로 주변을 시끄럽게 만들어 다른 사람
을 신경 쓰지 않고 오히려 다른 사람보다 더 큰 소리로 영어를 말할 수밖
에 없는 환경을 조성해 놓은 것이다. 여태껏 가장 큰 불평으로 여겼던 것
이 이 학교 나름의 교육철학이었던 셈. 결국 내가 적응 못하는 것은 따지
고 보면 그동안 내가 공부했던 공부습관의 문제였다.

학교의 단점을 운운하기 전에, 좋은 학교 나쁜 학교를 따지기 전에 나는
얼마나 노력을 했는가? 피해망상증 환자처럼 영어가 늘지 않는 것을 학
교 탓으로 돌리는 내 모습을 보며 반성을 했다. 지금 혹시 공부가 되지 않
는 원인을 다른 곳에서 찾고 있지는 않는가? 그 원인은 가장 가까운 곳 바
로 자신에게 있다.

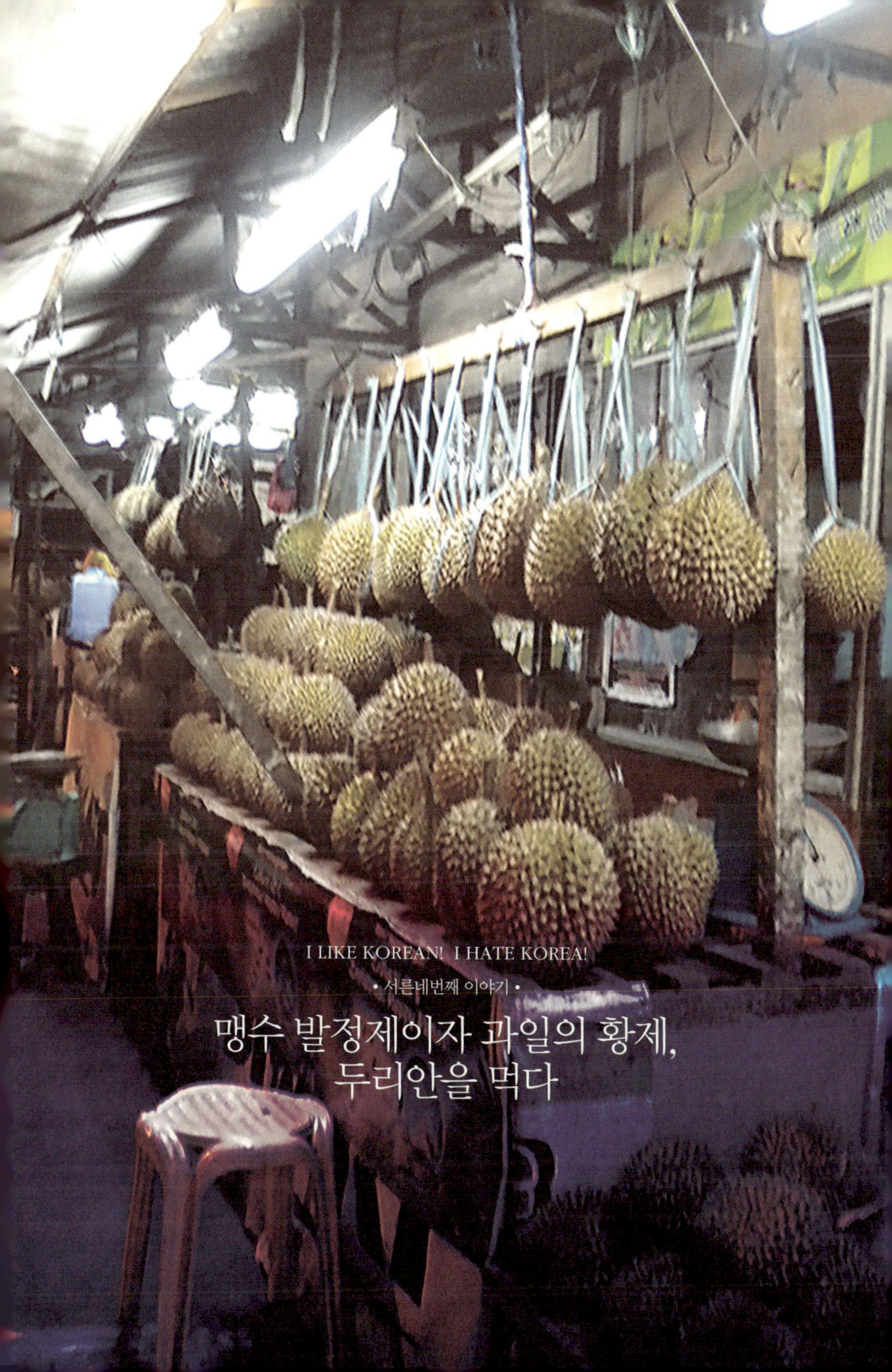

맹수 발정제이자 과일의 황제, 두리안을 먹다

필리핀에서 가장 행복했던 점은 과일을 아주 싼 가격으로 먹을 수 있는 것이다. 아마 많은 사람이 이에 동의할 것이다. 특히 다바오는 필리핀 지역 중에서도 열대과일이 가장 저렴하고 과일의 황제라 불리는 두리안의 원산지이기도 해서 과일을 좋아하는 사람이라면 더더욱 행복한 곳이다.

동물원에서 맹수들이 기력이 없을 때 즉효약으로 쓰이는 두리안은 필리핀에서도 귀하다. 웬만한 재력을 가진 필리핀인이 아니면 맛보기도 쉽지 않다. 파인애플 한 통에 50페소 정도라면 두리안은 그 갑절에 해당하는 금액을 지불해야 한다.

두리안은 우리말로 흔히 '보양식'이라 할 만큼 굉장한 에너지를 내게 한다. 고단백 과일이라 하나를 먹으면 한 끼를 먹은 듯한 든든함도 느껴진다. 그러나 처음 두리안을 맛보는 사람이라면 조심하는 게 좋다. 홍어삼합처럼 극명하게 좋아하는 사람과 싫어하는 사람이 갈린다. 나는 비위가 약한 편이라 좋아하지 않을 것 같았지만 그래도 맛이라도 느껴보고 싶었다.

흔히 다바오에 와서 두리안을 먹지 않는 것은 필리핀에 와서 바다를 보지 못한 것과 같다는 이야기가 있다. 그래서 마음먹고 몇몇이 두리안만 전문적으로 파는 시장에 갔다. 많은 상인이 호객행위를 하고 있었는데, 그곳에 자주 왔던 일행 중 한 사람이 우리를 어느 허름한 과일가게로 데리고 들어갔다.

그 가게에는 두리안으로 만든 캔디에서부터 잼까지, 두리안으로 만든 모든 것이 판매되고 있었다. 우리를 데리고 간 그 사람은 두리안이라는 이야기만 들어도 군침이 돈다고 할 정도로 두리안 마니아였다. 그는 여러 개의 두리안을 살펴본 뒤 두 개의 두리안과 콜라 세 병을 사서 테이블로 왔다.

"두리안 고르는 법이라도 있나요. 여러 개 살피던데요."
"간단해요. 가장 고약한 냄새가 나는 놈을 고르면 되죠. 냄새는 고약하지만 그 안에 든 맛은 예술이거든요."

진짜 그가 골라온 두리안은 냄새가 예술이었다. 청국장 냄새 같기도 하고……. 모양이 남자 성기처럼 생겼는데 거기에 청국장 냄새까지 나니 먹는 것이 쉽지 않을 것 같았지만 손에 비닐을 끼고 너무 맛있게 먹는 그를 보니 안 먹을 수가 없었다.

입 안으로 들어간 두리안은 묘했다. 맛있다고 할 수는 없었다. 그저 미묘한 맛이었다. 그런데 이상하게 계속 먹게 되었다. 그러나 이내 한 덩어리도 채 못 먹고 손에서 비닐을 벗겨냈다. 속이 너무 더부룩했기 때문이다. 나중에 알게 된 사실이지만 두리안의 열량은 한 끼 식사에 달할 정도로 굉장히 높다. 그래서 두리안을 먹을 때는 밥을 먹지 않고 갔어야 했는데 그날 나는 밥을 먹고 갔기에 한 덩이도 제대로 먹을 수가 없었던 것이다.

두리안을 맛본 입장에서 종합평가를 내리자면 '나는 두 번 다시 찾아가면서까지 먹고 싶지는 않다'는 것이다. 그 가격이면 차라리 파인애플과 망고를 더 먹을 것이다. 하지만 두리안 마니아인 그 사람은 남은 내용물이 없는지 두리안 속을 살펴봤다. 이렇듯 두리안에 대한 선호도는 양분된다. 홍어 삭힌 것을 좋아하는 사람이 광적으로 삼합을 찾듯이 두리안을 좋아하는 사람은 광적으로 두리안을 찾는 것이다.
이제 두리안이 발룻과 함께 강장제로 널리 알려지기까지 했으니 맛이 있든 없든 한국 남자들은 필리핀에 오면 두리안을 꼭 찾을 것이다.

 한국인이 모르는, 필리핀에 관한 불편한 진실

두리안은 열량이 높아서 술하고 먹으면 절대로 안 된다.
실제로 술과 두리안을 함께 먹다
사망하는 사건도 종종 빌생하기도 하니
두리안을 먹는 날은 되도록 과한 음주를 하지 말자.

필리핀에서 킬힐?

생활용품을 사려고 갔던 쇼핑몰에서 조금 낯선 물건이 눈에 들어왔다. 킬힐이었다. 쇼킹할 일이 아닐 수도 있지만 대부분의 신발 판매대에는 쪼리만 있는데, 한국에서도 발견하기 힘든 아찔한 킬힐이 있다는 것이 너무나 신기했다. 게다가 필리핀 여자들이 킬힐을 신을 만한 환경은 아니지 않은가.

내가 신기해 하자 그 모습을 지켜본 학교관계자는 이렇게 말했다.

"많은 사람이 필리핀인이라고 하면 다 가난하겠거니 생각해요. 그런데 실제 부자는 한국에서도 상상도 하지 못할 정도예요. 헬기로 출퇴근을 할 수 있는 재력을 가진 사람들이 많이 있다는 것이죠."

과연 필리핀의 빈부격차는 격심했다. 하루 벌어 하루 먹는 사람도 있지만 필리핀 부자는 내가 상상한 것 이상으로 부자였다. 사교파티가 수시로 열리고 그러다보니 그런 사람들을 위한 쇼핑 공간이 생기는 것은 당연한 일이었다. 킬힐을 고르는 필리핀 여성은 과연 명품으로 치장을 하고 있었다. 옆에는 비서 같은 사람이 짐을 들고 있었는데, 영화 속에 나오는 공주님과 그를 보필하는 하녀처럼 느껴졌다. 그런 모습을 한참을 지켜보던 나에게 학교관계자는 덧붙여 이야기했다.

"필리핀 부르조아가 평범한 필리핀인을 보는 시선도 문제지만 한국인이 필리핀 사람들을 자기와 같은 사람으로 여기지 않는다는 것도 문제예요."
"그게 무슨 말이에요. 같은 사람으로 여기지 않는다니."
"그게 무슨 말이냐면요. 이곳에 다니는 한국인들은 싸구려 옷을 입고 쪼리를 신고 다니는 필리핀 사람들을 업신여기는 듯한 눈빛으로 바라본다는 것이죠. 그러다보니 자존심을 건드려서 사고로 이어지는 경우가 많아요."

그의 말의 요지는 필리핀에 오는 한국 학생들이 필리핀 사람들을 자신보다 한 등급 아래로 보고 행동한다는 것이다. 그래서 나이 많은 사람에게 하인 대하듯이 행동하는 모습을 볼 때마다 학생들한테 주의를 준다고 했다. 생각해보니 모든 학교의 규칙에 인격적으로 필리핀 스텝들을 무시하는 행위를 하지 말라는 것이 적혀져 있었다. 그러한 인식이 얼마나 깊었으면 학교 규칙에까지 명문화시켰을지 씁쓸하기만 하다.

• 서른여섯번째 이야기 •

제가 가장 힘들었던 것은 한국인의 시선이었어요

"한국 남자와 필리핀 여자가 결혼을 한다면 어떤 반응을 보일 것 같으세요?"

난감했다. "너 미쳤냐. 돌았지? 뭐가 아쉬워서 필리핀 사람하고 결혼을 하냐." 이런 반응을 보였겠지만 그렇게 말을 할 수는 없었다. 그가 이미 필리핀 여성과 결혼을 한 사람이었기 때문이다. 머뭇거리는 나를 보며 그가 말했다.

"대답 안 하셔도 알아요. 저 역시 필리핀에 와서 생각이 바뀐 것이니까 말이죠. 저도 필리핀인이라고 하면 왠지 꺼림칙했던 것이 사실이지만 시간이 점점 지나고 나서 깨달았어요. 내가 뭐가 그렇게 대단하다고 그들을 그렇게 얕봤을까 말이죠."

그도 자신이 필리핀 여성하고 결혼을 생각하게 될지는 상상도 하지 못했다고 한다. 하지만 우연히 필리핀 여성과 이성교제를 하게 됐고 그 필리핀 여성의 조건 없는 사랑이 너무 좋았다고 한다. 한국 여자들은 연봉과 학벌 등 조건을 먼저 보지만 그녀는 그런 것보다 사람 됨됨이를 보았다면서…….

하지만 그의 결혼은 순탄치 않았다. 가장 큰 걸림돌은 한국에 살고 있는 가족과 친구들의 반대. 미친놈이라는 말을 태어나서 가장 많이 들었고 부모님은 '네가 뭐가 모자라 필리핀 여자냐며' 통곡을 하며 우셨다고 한다. 이런 상황에서 1년 동안 주변 사람들을 설득하고 결혼까지 했다고 하니 그의 마음고생이 얼마나 심했을지 짐작이 간다. 지금은 부모님도 며느리를 상당히 좋아하지만 당시를 생각하면 아직도 고개를 절래 흔들게 된다고 했다.

그는 한국인의 시선이 빨리 바뀌었으면 좋겠다고 했다.

한국 남자와 결혼하는 필리핀 여성을 윤락녀로 생각하는 경우가 많다는 것이다. 또 마흔 넘은 농촌 노총각이나 필리핀 여자랑 결혼한다고 생각하는데 그 시선이 너무 힘들다고 했다.

이는 비단 그만의 문제는 아닌 듯싶다. 나 또한 필리핀 여성과 결혼하는 한국인 남자들의 공통적으로 느끼는 고통이 '한국인의 시선'이라는 걸 몸소 느낄 기회가 있었으니, 다름 아닌 오랜만에 걸려 온 친구 전화에서였다. "나 필리핀 여자가 너무 좋은 것 같다. 여기 사람들 사랑하는 것이 너무 순수하고 조건 같은 건 따지지도 않아. 한국 여자들은……"

말도 끝나지도 않았는데 그 친구는 나에게 '미친놈'이라며 혀를 끌글 찼다. '헉' 갑자기 며칠 전에 만났던 필리핀 여성과 결혼한 그 남자가 떠올랐다. 그들이 그렇게 겁내하던 한국인의 시선. 왜 우리는 필리핀인이라는 것 하나만으로 그들을 평가한단 말인가? 현재 많은 사람이 필리핀을 오가면서 국제결혼을 준비 중에 있다. 자신의 절친한 친구가 필리핀 사람하고 결혼을 한다면 당신은 뭐라고 말을 하겠는가? 그 대답이 바로 필리핀을 바라보는 당신의 시선이다.

• 서른일곱번째 이야기 •

35세 전 세계 20개국,
인생을 즐기는 일본인친구 코

앞에서도 이야기했지만 코는 매년 2주씩 세계를 돌며 영어연수 겸 여행을 하는 일본인 친구다. 그와 함께 기숙사 한 방을 쓰면서 잠자리에 들기 전 하루의 생활을 영어로 이야기해보자고 약속했지만, 서로 영어가 안 되는지라 곧 한계가 드러났다. 말을 하지 않고 자신이 가지고 있는 사진을 보여주는 식으로 말이다. 나는 호주워킹홀리데이 시절 찍었던 사진을 보여주면서 꼭 호주를 가보라고 했다. 그런데 이미 코는 호주에 갔다 온 모양이다. 살포시 미소지으며 별 말 없이 몇 개의 사진을 보여줬는데 그 사진들을 보고 나는 깜짝 놀랐다.

와우! 그는 대학교에 다니는 시절부터 지금까지 해외여행을 다녔는데, 1년에 한 번씩은 꼭 해외여행을 가기로 자신과 약속을 했기 때문이라는 것이다. 내심 글로벌 기업을 다니며 돈 많이 버는 사람의 여유라고 생각했다. 하지만 그의 말을 들어보니 단순한 여유가 아니라, 자신의 삶 자체를 즐기는 사람이었다.

"돈을 많이 벌고 적게 벌고를 떠나서 제가 어렸을 적부터 하고 싶었던 일
이 세계여행이었어요. 통장잔고가 조금씩 늘어나는 것에만 행복을 느끼
는 사람이 되고 싶지 않아요."

코는 어렸을 때부터 여행을 좋아하고 도전하기를 좋아했다고 말했다. 그
래서 대학교 때는 아르바이트를 하면서 모은 돈으로 유럽여행을 다녔고,
직장생활을 하면서부터는 휴가를 한꺼번에 모아 해외여행을 했다는 것이
다. 지금 자신이 가지고 있는 통장잔고는 거의 바닥을 치고 있고, 자기는
그런 자기 삶이 행복하다고 했다. 나와는 다른 사람이라는 생각이 들었
다. 환경이 다르기 때문에 가능하다고 생각했다. 아니 그렇게 믿고 싶었
다. 하지만 뒤이어 코가 한 말은 인생에 있어서 진정한 행복이 무엇인가
를 깨닫게 만들었다.

"사회에 첫 발을 내딛었을 때 그냥 숨가쁘게 살았던 것 같아요. 1년을 죽
어라 일만 하면서 살았지요. 그런데 이것이 내 행복인가 싶더라고요. 주
말만 기다리는 제가 보였고, 예전에는 이랬는데 하면서 투정하는 나를
발견하게 됐죠. 그러자 이렇게 살면 안 되겠구나 하는 생각이 드는 거예
요. 대학교 때처럼 휴가를 내고 무작정 해외여행을 갔죠. 나를 옥죄는 그
마음을 벗어나고자 떠났던 것이죠. 그렇게 떠난 2주의 시간은 내가 살아
가는 이유를 알게 해주었어요."

어렸을 때부터 코의 꿈은 죽기 전에 모든 나라를 다 가보는 것이었다고
한다. 비록 한때 그의 그런 꿈은 '철부지의 꿈'으로 비난받기도 했지만,
행복해지기 위해서 코는 계속 여행을 떠난다고 했다. 가진 돈은 없지만
자신은 모든 것을 가진 사람이라며 해맑게 웃었다. 내 눈에 코는 그 어떤
사람보다 행복해보였다.

많은 사람이 행복의 척도를 돈으로 여기지만 '행복한 삶은 이런 것이다'
라고 정의내릴 수 있는 사람은 없다. 자신의 행복은 자신이 가장 잘 안다.
한 달 한 달 쌓여가는 정기적금을 바라보는 소소한 재미도 행복이 될 수
있겠지만, 어렸을 적 가졌던 꿈을 외면하고 있지는 않은지 나는 오늘 밤
그 꿈을 생각해봐야겠다.

• 서른여덟번째 이야기 •

마닐라로 이동,
필리핀 사람 조심하세요

평화롭기만 한 디바오에서 예정된 2주의 수업이 끝났다. 다음 행선지는 필리핀에서 가장 위험하다는 마닐라다. 마닐라는 필리핀의 수도인데 나는 그곳에서 크리스마스 시즌과 새해를 마닐라에서 보내게 될 터였다. 나를 만난 모든 사람이 마닐라에 가면 필리핀 사람을 절대로 이곳 다바오에 있는 사람처럼 믿지 말라고 당부했다. 또 그곳에서는 필리핀 사람에 의해 살해까지 당할 수 있다며 차라리 가지 말기를 권했다. 실제로 마닐라는 사건사고가 끊이지 않기로 유명한 곳이다.

잠시 고민했으나 '필리핀까지 왔는데 한 나라의 수도에서 새해와 크리스마스를 보내야 하지 않겠어' 하며 마음을 다독이고 마닐라행을 최종 결정했다. 군대에 가기 전에 느꼈던 긴장감이 다시 요동쳤다.

마닐라 공항은 인천공항 정도는 아니지만 국제공항이라는 명함을 내밀 정도의 규모를 자랑하는 공항이었다. 한 나라의 수도답게 필리핀 사람들만 북적거렸던 다바오 공항하고는 다르게 외국인들이 즐비했다.

픽업차량이 오기로 한 약속장소로 갔다. 약속된 시간이 다 되었지만 차량은 오지 않았다. 한참만에 연락이 왔는데, 서울보다 교통정체가 심한지 마닐라 시내에서 차가 움직이지 않는다는 것이었다. 불안해졌다. 누군가가 나의 짐을 호시탐탐 노리지 않을까 걱정이 되었다. 다시 짐을 꼭 부여잡고 화장실을 가고 싶었지만 꾹꾹 참았다. 그렇게 30분이 지나자 픽업차량이 왔다. 구세군을 만난 느낌이었다.

다른 곳에서는 그러지 않았는데, 이곳 마닐라에 오니 사파리공원에서 맹수들한테 던져진 먹잇감이 된 것처럼 몸도 마음도 위축이 되었다. 그런 모습을 지켜본 학교관계자는 마닐라에 오는 사람들 대개가 그런다며 걱정하지 말라고 했다.

"여기 마닐라에 있다 보면 느끼겠지만, 태호 씨가 생각하는 것만큼 위험한 지역은 아니에요. 도시가 크다 보니 사건사고가 많긴 하지만 마피아 소굴인 양 보는 것은 잘못된 것 같아요."

그는 학생들이 앞으로 생활할 학교가 어떨지, 어떤 커리큘럼으로 공부를 할지에 대한 걱정보다 마닐라에 대한 안 좋은 인식을 가지고 출발하는 것에 대해 우려를 표했다. 알려진 것만큼 마닐라가 위험한 것은 아니라는 것이다.

하지만 다른 지역에서 만난 필리핀 사람들조차 마닐라는 위험하다고 이야기한다. 내가 한국에서 '필리핀은 위험한 곳이야' 라는 선입견을 가졌던 것처럼 필리핀 내에서도 마닐라는 위험한 곳으로 인식되어 있는 것 같았다. 그러나 내가 마닐라에서 만난 사람들은 위험하지 않았다. 오히려 그런 선입견으로 말미암아 힘들어 했다.

마닐라, 선입견으로 시작된 마닐라 생활은 그렇게 시작되었다.

• 서른아홉번째 이야기 •

협상으로 시작되는 마닐라

마닐라는 규모도 규모지만 다른 도시와 생활 자체가 많이 달랐다. 그 중에서 가장 다른 것은 모든 것에 협상이 따른다는 것이었다. 택시만 보더라도, 일단 손님이 타면 아무리 가까운 거리를 가더라도 100페소 이상을 부른다. 특히나 한국인을 만나면 고양이가 생선을 만난 것처럼 어떻게든 돈을 더 뜯어내려 한다. 사정을 모르는 한국인은 필리핀 택시기사가 택시요금을 비싸게 불러도 한국의 택시요금과 비슷한 수준이라면 걸려들기 쉽다.

택시를 타자마자 미터기를 켜라고 말해야 하는 것은 마닐라에서는 생활상식이다. 그만큼 택시기사의 횡포가 심해 짜증이 날 정도다. 그래서 나는 마닐라에서 생활하는 동안 택시 대신 지프니와 트라이시클을 타고 다녔다. 단, 트라이시클 역시 한국인들에게는 가격흥정을 해야 하는 측면이 있는 만큼 사전정보가 필요하다.

트라이시클

마사지숍

트라이시클의 기본요금은 7페소이고 네 명 이상이 타야 출발한다. 하지만 보통 한국인 일행은 2~3명 정도가 움직이기 때문에 네 명까지 기다리지 않고 적당한 정도의 돈을 더 지불하고 출발을 시킨다. 그런데 여기서 문제가 시작되었다.

7페소가 기본요금이니 한 사람이 덜 탔다면 10페소 정도 주는 것이 맞지만 한국인들은 대개 20페소 단위로 요금을 지불했던 것이다. 그러다보니 한국인은 돈이 많은 사람이라는 이미지가 자리매김되기 시작했고, 일단 찔러보는 셈으로 가격을 비싸게 불렀다. 대개 한국인은 귀찮은 것을 싫어하고 별로 큰돈이 아닌지라 그냥 부르는 금액을 줘버린다. 그런 것이 쌓여 지금은 정상적인 요금을 내도 언짢은 표정을 짓는 필리핀 사람들을 많이 보게 된다. 한 마디로 한국인은 마닐라에서 봉이 된 것이다.

마닐라에 있는 학교가 한국 학생에게 당부하는 것 중에 하나가 '너무 많은 팁을 주지 마라' 라는 것 또한 같은 맥락이다. 예를 들어 마사지 같은

경우 마닐라에서는 250~350페소로 전신마사지가 가능하다. 팁은 10~20페소 정도 준다. 그런데 이곳에 온 한국인이 저렴한 마사지 가격에 즐거워하며 1,000페소 가까운 돈을 팁으로 주면서부터 문제가 시작됐다. 그들은 그렇게 팁을 많이 줘도 한국에서 마사지를 받는 것보다는 저렴해서 좋았겠지만, 그런 일이 일어난 뒤부터 마사지에 종사하는 사람들은 한국인만 보면 노골적으로 많은 팁을 요구하게 되었다.

나 또한 필리핀에 있는 동안 한국에서는 상상도 못하는 가격에 마사지를 받을 수 있어 곳곳의 마사지숍을 자주 이용했는데, 마닐라에서 일하는 마사지사의 모습은 필리핀의 다른 지역에서 일하는 마사지사와는 많이 달랐다. 그들은 팁을 적당하게 주면(그들 입장에서는 적게 준 것이겠지만) 노골적으로 기분 나쁘다는 표정을 지었다. '거지에게 적선 하느냐'는 식으로 비아냥거리기까지 했다. 결국 팁으로 50페소를 주었고 나는 그제야 '땡큐' 소리를 들을 수 있었다. 그들의 그런 행태도 문제지만 그 많은 외국인들 중에서 한국인만 봉으로 여겨지는 현실이 된 것에 대해 씁쓸함을 금할 길이 없었다.

I LIKE KOREAN! I HATE KOREA!
space tips

PHILIPPINES

필리핀에서 팁은 20페소 내외로 주도록 하자.

• 마흔번째 이야기 •

박정희가 누구예요?

내가 이곳 마닐라에서 공부할 학교는 파라마운트 학교였다. 예전에는 필리핀 조기유학으로 유명했고 2009년 말부터 성인유학을 받기 시작했다. 그러다보니 학교 내에 조기유학을 온 중고등학생들이 많았다. 나이가 나이인 만큼 그들은 나를 보면 삼촌이라 부르며 따랐다.

나이대가 맞지 않아서 그랬는지 수업을 같이 듣지는 못했지만 그들의 영어는 수준급이었다. 초등학교 때부터 네이티브 선생님과 수업해서 발음도 자연스러웠고 표현력이나 언어구사력이 확실히 성인들하고는 달랐다. 한국에서 중학교를 다닐 당시 전교 10등 안에 들 정도로 공부를 잘했던 아이들인지라 영어뿐만 아니라 이것저것 아는 것도 많았다.

그런데 그 아이들은 박정희 대통령을 몰랐다. 전두환, 노태우 대통령 또한 몰랐다. 교과서에 있는 내용 외에는 우리나라 대통령이 누구였는지에 대해서도 알지 못했다. 처음에는 저 아이 한 명만 그런 것이려니 생각했다. 그런데 파라마운트 학교에 다니는 중학생 모두가 그랬다. 그게 뭐가 이상

마닐라 학교

하느냐고 반문하는 사람이 있을지도 모르지만, 내겐 충격이었다. 그 아이들은 말 그대로 성적을 위해서 훈련된 공부벌레라는 생각이 들어서였다.

조기유학을 온 학생들 대부분은 감옥은 저리 가라고 할 만큼 간섭을 받으면서 생활을 한다. 새벽 6시 30분부터 저녁 10시까지 공부만 시킨다. 허락 없이는 밖에 외출조차 할 수 없다. 외출을 하더라도 어른이 함께하지 않으면 절대로 나가지 못한다. 듣고 보고 배운 것이 그렇다보니 우리나라 사람이라면 알아야 될 상식조차 알지 못하는 경우가 많다. 아이들 또한 성적의 노예가 되어가고 있음에도 그것을 모르고 성적에 도움이 되지 않는 것은 알려고 하지 않았다. 더 웃긴 것은 조기유학을 보내는 부모님들이 더더욱 빡세게 아이들을 잡아주길 원한다는 것이다. 주말에도 프로그램을 진행해 달라고 요청할 정도다. 이 모두가 무조건 1등이 되어야만 인정받는 사회가 만들어낸 결과다. 한 나라의 대통령이 누구인지도 모르는 아이들을 보면서 조기교육에 대해서 다시 한 번 생각해보게 되었다.

• 마흔한번째 이야기 •

나이는 리더,
그러나 한순간에 작아지는 나

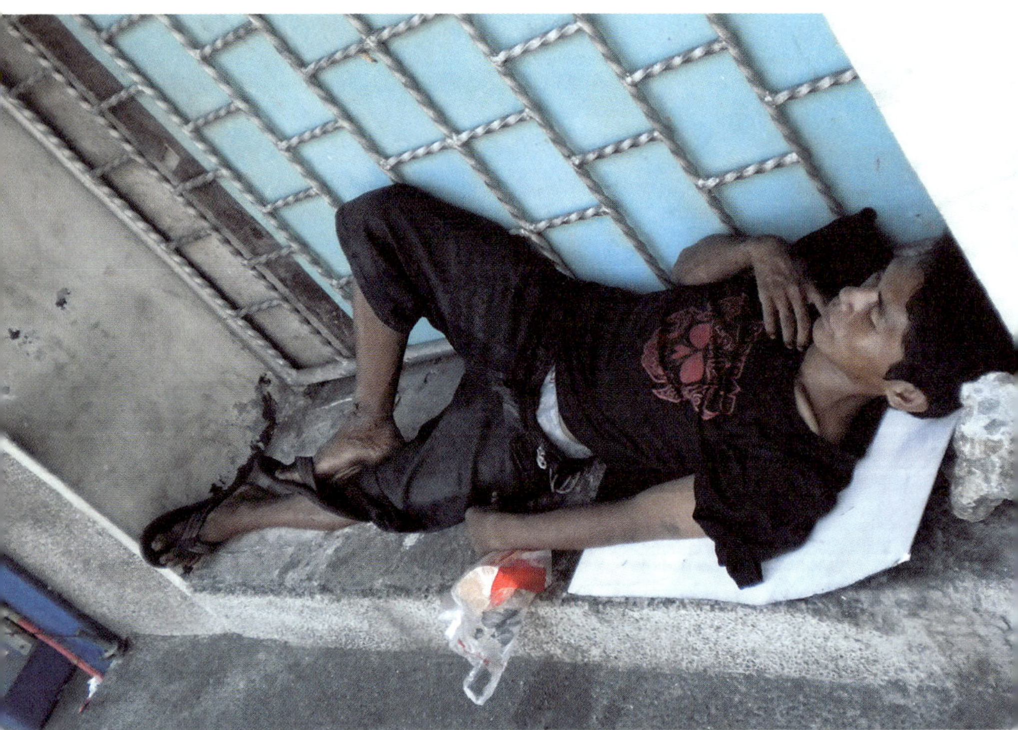

우리나라에서는 보통 나이가 서열이다. 그런 사회적 특성이 필리핀 내 학교에서도 많이 나타난다. 나이 많은 사람이 리더 역할을 하는 것이다. 본의 아니게 이곳에서도 나는 나이가 가장 많은 축에 들었다. 그러다보니 여행을 간다거나 의사결정을 하는 데 나의 역할이 중요했다. 게다가 2주 동안만 머문다지만 크리스마스와 새해가 겹친 황금연휴였기에 여행이라도 안 가게 되면 온종일 감옥소에 수감된 듯한 느낌으로 연휴를 보내게 될 터였다.

그래서 크리스마스 시즌에 맞춰서 1박 2일로 여행을 가기로 했는데, 역시나 나이 많은 나에게 어딜 가면 좋겠느냐며 의견을 물었다. 나는 곰곰이 생각하다 사방비치라는 곳을 추천했다. 그렇게 해서 고등학생 한 명과 중학생 형제를 포함해 15명 남짓의 학생들이 사방비치라는 곳으로 1박 2일 여행을 갔다.

여행은 또 다른 의미에서 영어실력을 시험해 보는 기회가 된다. 서바이벌 영어다. 나는 함께 여행하는 다른 학생들보다 2개월 앞서서 필리핀을 왔기에 필리핀 생활문화에도 익숙하고 서바이벌 영어는 어느 정도 자신 있었기에 느긋한 마음으로 여행을 떠났다. 그런데 문제가 생겼다. 사방비치로 가려면 배를 타야 하고 입장료도 내야 하는데 이 과정에서 필리핀 직원이 우리에게 덤터기를 씌우려 했다. 이중계산으로 한몫 잡으려는 것이었다.

너무 당황스러웠다. 그는 내가 굉장히 큰 잘못을 저지른 것마냥 고래고래 소리를 지르면서 돈을 달라고 하고 나는 나름대로 영어로 설명하며 해명을 하느라 진땀을 뺐다. 하지만 그는 막무가내였고 나중에는 비속어까지 쓰면서 빨리 돈을 주지 않으면 배를 못 타게 하겠다고 협박까지 해댔다. 그때 구세주가 나타났다.

함께한 일행 중 한 고등학생이었다. 필리핀 대학을 다닐 목적으로 온 그 학생은 영어가 수준급이었다. 그가 요모조모 필리핀 직원의 잘못을 지적하자 필리핀 직원의 얼굴이 빨개졌다. 수세에 몰리자 미안하다며 자신의 실수였다고 했다. 사람이 어떻게 저렇게 변할 수 있을까? 순간 우리 일행은 모두 필리핀 직원의 이중성에 넋이 나갔다. 하지만 나는 그것보다 더 난감한 것이 있었다. 스스로 영어를 어느 정도 한다고 생각했는데 그 자만심이 무너진 것이다. 그 이후부터 여행의 실제적인 리더는 그 고등학생이 되었다. 나이는 많지만 영어에서 밀리는 나는 조용히 뒤로 물러설 수밖에 없었다.

필리핀에서 모든 서비스를 이용할 때
꼭 정확히 공지된 금액을 확인하라.
그렇지 않다면 눈 뜨고 코 베인다.

필리핀 할머니와의 말다툼, 만약에 필리핀인이 아니었다면

·····

3시간 정도 방카(배)를 타고 드디어 사방비치에 도착했다. 사방비치는 스킨스쿠버를 하는 사람이 많이 가는 곳이라서 다른 지역의 해안가보다 외국인이 많고 그들을 상대하다보니 영어를 자유자재로 쓸 줄 아는 필리핀인 또한 상대적으로 많다.

그 중 믿음직스러워 보이는 필리핀인을 따라 숙소를 정하기로 했다. 여행 전에 인터넷으로 예약을 해두었다면 편했겠지만 갑작스레 준비한 여행이라 미처 예약하지 못했다. 또 미리 갔다 온 친구들이 가서 숙소를 정하는 것이 눈으로 확인할 수도 있고 흥정도 할 수 있어 여러모로 좋다고 하여 굳이 예약할 필요를 느끼지 않았다.

우리는 인원이 많다보니 다른 것은 몰라도 다 같이 음식을 해먹을 수 있는 곳이 필요했다. 하지만 대부분의 리조트는 연인을 상대하는 방만 있을 뿐 단체로 온 손님을 위한 방은 없었다. 우리를 안내하는 필리핀인이 이곳저곳을 소개해주었으나 딱 마음에 드는 곳이 없었다. 그렇게 한참을 거절을 하자 그 필리핀인은 마지막이라면서 자기 사촌이 하는 곳을 소개해 주었다. 큰 방 두 개와 작은 방 하나. 10명 정도 앉아서 쉴 수 있는 거실공간에 주방시설까지 겸비한 그곳이 우리나라 돈으로 한 사람당 2만 원 미만이었다.

그곳으로 결정하고 필리핀에서 꼭 해야 되는 것 중 하나로 알려진 아일랜드 호핑과 스노쿨링을 하러 갔다. 그날 선상바비큐까지 겸해서 우리가 쓴 돈은 개인당 만 원이 안 되었다. 아무래도 필리핀 사람과 직접 협상을 하니 더 저렴했던 것이다. 다음날 아침은 바다낚시와 성게를 잡기로 예약하고 집으로 돌아왔다.

돌아와서 보니 사람은 15명인데 각 방마다 베개와 수건이 모자랐다. 베개와 수건을 부탁하려고 집주인을 찾았는데 주인은 안 보이고 할머니만 있었다. 다행히 외국인 관광객을 많이 상대해서 영어를 쓸 줄 아는 할머니였기에 나는 베개와 수건을 더 달라고 말했다. 그런데 그 할머니가 자기는 여기 주인(딸)의 엄마이기는 하지만, 이곳 주인이 아니라서 딸로부터 전달받지 못한 그런 부탁은 들어줄 수 없다고 했다.

순간 화가 났다. 지금 바로 씻어야 되는데 언제 돌아올지도 모르는 집주인을 기다리라는 말이나 마찬가지라서 언성을 높였다. 집주인의 어머니면 집주인이나 마찬가지지 수건 몇 장하고 베개를 못 준다는 것이 말이 되느냐며 화를 냈다. 내가 화를 내서 그랬는지 할머니 또한 막무가내였다. 어쩔 수 없이 숙소로 돌아왔다. 씩씩대며 돌아오는 나를 보며 동생들이 물었다.

"형! 뭐라는데 그렇게 화를 내며 돌아와요. 수건하고 베개는 안 줬어요?"
"아씨! 요금을 다 주는 게 아니었는데 괜히 줬다. 이 인간들 돈 받고 나서
 배째라는 식으로 나오네. 나갈 수도 없고 환장하겠군."

이야기하면서 더 화가 났다. 한국인을 봉으로 아는 듯한 그 태도가 너무
마음에 안 들었다. 그래서 다시 나가 할머니가 있는 집에 문을 두들겼다.
할머니는 손주로 보이는 여러 명의 아이들과 같이 나왔다. 아이들이 나올
줄은 몰랐지만 그렇다고 화가 난 마음을 접고 그냥 돌아갈 수는 없었기에
나는 언성을 높이며 기세 높게 따졌다. 한국인 대 필리핀인의 자존심 대
결인 것처럼.

알겠지만 당시 나는 흥분 상태였고 내 행동이 정당하다고 생각했다. 한국
인을 봉으로 보는 필리핀인의 태도를 뿌리 뽑는다는 정의감도 있었다. 그
런데 내 말을 듣고 있던 할머니가 대노하며 이렇게 말했다.

"내가 필리핀인이 아니었다면 당신이 그렇게 모욕을 줄 수 있어요? 이 손
 자들 앞에서."

그 자리에 있던 손주들은 물론이고 지나가던 필리핀 사람들까지 나를 죽
일 듯이 노려보고 있었다.
'이게 아닌데⋯⋯.'
언뜻 필리핀인에게 원한을 사면 킬러까지 고용해서 사람을 죽인다는 이
야기가 생각났다. 서둘러 미안하다고 말하며 그곳을 빠져나왔다.

돌아나오면서 심하게 부끄러웠다. 아무리 상대방이 잘못했다고 하더라도
할머니에게 그런 행동을 하는 것이 아니었다. 한국에서라면 패륜아나 할
만한 짓이었다. 그렇게 돌아온 나를 보고, 영어를 잘했던 고등학생은 다
시 할머니에게 가서 자초지종을 설명했다. 할머니는 그제야 화를 풀고 자
신이 가진 베개와 수건을 건네기까지 했다.

정말 창피했다. 왜 나는 목소리만 크면 이기는 것처럼 행동을 했단 말인
가? 왜 필리핀인이라는 생각만으로 나이 든 할머니한테 심한 말을 했단
말인가? 필리핀인을 함부로 대하는 한국인의 모습을 보면서 격노했지
만 정작 나 역시 그런 행동을 했다는 사실이 오랫동안 부끄러움으로 남
았다.

• 마흔세번째 이야기 •

자연산 회에 대한
달콤함과 쓸쓸함

환갑도 훨씬 넘어 보이는 얼굴에 다 해어진 바지와 늘어진 티셔츠를 입은 선원과 선장이 아침 새벽부터 우리를 기다리고 있었다. 전날 너무 즐겁게 보내서 하루 더 배를 더 빌리기로 했기 때문이다. 오늘은 바다낚시와 함께 성게를 잡을 수 있는 엑티비티데이였다.

어제의 과음으로 대부분 상태가 말이 아니었지만 자연산 회를 먹을 수 있다는 유혹에 하나 둘 배에 탑승했다. 우리가 탄 배는 15명 모두가 타자 만석이 될 정도의 작은 방카였고 파도가 일 때마다 버틸 것을 잡아야 될 정도로 흔들거렸다. 어찌나 흔들거리는지 일행 중 한 명은 멀미가 멈추지 않을 정도였다. 그런 상태에서 물고기를 낚는다는 것은 쉽지 않은 일이다.

물고기도 안 잡히고 배도 흔들리고…… 전날과 달리 모두가 너무 재미없고 힘이 든다고 느낄 때쯤. 환갑이 지났을 법한 선원이 주저하지 않고 작살을 들고 바다로 뛰어들었다. 한참을 바다 속으로 들어간 그 선원은 여러

개의 성게와 불가사리를 작살에 꽂아 건져왔다. 우리는 환호성을 질렀고 그 선원은 다시 바다 속으로 들어가 생선을 잡아왔다. 그렇게 몇 번을 하자 자연산 회를 한 사람당 두 첩 정도는 먹을 수 있을 정도의 양이 되었다. 사실 그들은 우리가 조금이라도 지루해 하면 몸을 사리지 않고 여러 가지 시도를 했다. 어떻게든 우리 마음에 들었으면 하는 바람이 있었던 듯하다. 그도 그럴 것이 한국인을 상대로 밥벌이를 하는데 브로커를 통하지 않고 직접 거래를 텄으니 그들 입장에서는 우리가 큰 고객이었던 것이다.

이곳 브로커들의 수탈은 장난이 아니다. 현지에서 배를 타는 사람들은 여행객을 만나기 어렵다는 사실을 이용해서 여행객을 알선해주고 터무니없는 금액을 중개료로 챙겨간다. 수익의 10의 7을 가지고 갈 정도다. 나중에 들은 이야기에 의하면 우리가 지불한 금액의 반의 반도 안 되는 금액을 받았다고 한다. 그러기에 이번 일정은 그들에게는 상당히 중요한 시간이었던 것이다.

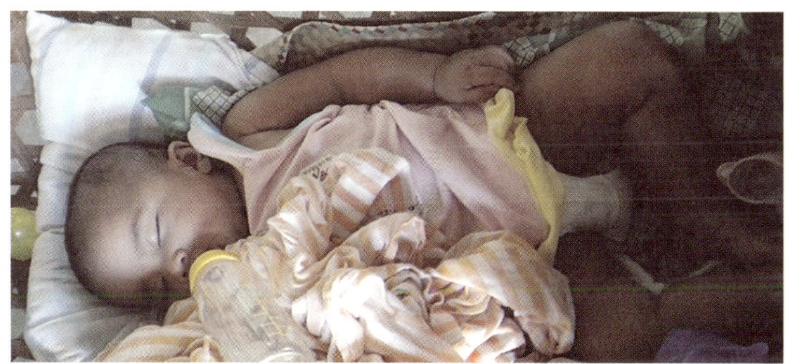

환갑도 한참 지난 어르신이 어린 우리의 기분을 맞추기 위해 몸을 아끼지 않고 바다 속으로 뛰어든 덕분에 우리는 한국에서는 비싸서 구경조차 힘들다는 다금바리(라푸라푸)를 몇 첩이나 먹을 수 있었다. 그 어르신은 잡아 온 성게에 참기름을 넣어 밥을 비벼 먹자며 자신의 집으로 초대했다. 돌아가는 배시간도 넉넉히 남은 데다 갓 잡은 성게밥까지 먹고 싶은 마음에 염치불구하고 따라갔다.

그곳은 약 100명 정도가 자급자족하는 마을이었는데, 잇몸이 드러나게 웃는 필리핀 사람 특유의 친절함이 우리를 환대했다. 어린 아이들은 근처 바닷가에서 놀고, 그물침대에는 어린아이가 새근새근 잠을 잤다. 어떤 아이는 코코아안 하얀 속껍질을 채취하려고 자기 키만 한 볼로(칼등이 뭉툭한 칼)를 들고 두꺼운 껍질을 벗겨내는데, 여유로워 보이는 지상낙원처럼 느껴졌다. 그들은 내 것 네 것 없이 서로 공유하는 듯이 보였는데 비빔밥을 만들 때도 그릇이 부족하자 다른 집에서 바로 가지고 왔다.

나는 이들의 살아가는 모습을 담고자 여기저기 둘러보았다. 그러다 누가 딱 봐도 서양인과 혼혈인 듯한 아이가 보였다. 순간 이곳에 버려진 아이라고 생각했다. 그런데 그것은 나만의 착각이었다. 얼마 안 있어 허름한 집에서 50세 정도로 보이는 서양인이 나왔는데 호주에서 왔다고 했다. 그 아이는 그의 아들이었다.

나는 왜 그 아이가 버려진 아이라고 생각했을까? 나도 모르게 수만 명의 코피노(한국인과 필리핀인 사이에 태어난 혼혈인)가 버려지고 있는 현실에서 서양인들도 당연히 그럴 것이라고 여겼나 보다. 나의 예상은 보기 좋게 어긋났지만 호주인 아빠와 필리핀인 엄마와 함께 사는 그 아이의 모습이 얼마나 다행인지 몰랐다.

• 마흔네번째 이야기 •

타성에 젖은 한국인

1박 2일의 여행을 마치고 돌아온 기숙사. 그런데 분위기가 심상치가 않았다. 뭔가 사고가 나도 단단히 난 듯 보였다. 한정된 공간에 많은 사람이 있다 보면 사고야 있을 수 있는 일이지만 이번 사건은 심각해 보였다. 사건의 내막은 이러했다.

모처럼 크리스마스를 연휴에 기숙사에 있던 학생들이 공부가 잘될 리 없었다. 한국에 있었다면 밤새 친구들과 희희낙락 즐거운 시간을 보냈을 텐데, 필리핀에 왔다고 해서 영어공부만 하라는 것은 그들에게 너무 가혹한 처사였다. 그런데 가족과 크리스마스를 함께 보내는 필리핀은 한국과는 다르게 대부분의 상점들이 문을 닫았고 학생들은 아쉬운 마음에 슈퍼마켓에서 술을 사 몰래 기숙사로 들어와 먹게 된 것이다.

사실 대부분의 학교들이 기숙사 내 음주를 못하도록 규정하고 있지만 크게 문제가 되지 않는 한 이를 용인해 주는 편이다. 야식을 배달할 때 아저씨한테 물병에 물 대신 소주를 부탁하는 경우도 있고 CCTV가 닿지 않는 곳에 술을 갖다 놓은 뒤 산책하러 나가는 척하며 가지고 들어오는 경우도 있다. 하지만 그날은 크리스마스라서 그랬는지 좀 심했나 보다. 새벽 5시가 되도록 고성방가를 했던 것이다.

결국 이 사건에 연루된 당사자들을 학생징계에 부치자는 쪽으로 기울어졌고 학생들은 크리스마스인데 그럴 수도 있는 것 아니냐며 징계에 항의했다. 그들의 말도 일리는 있었지만 그렇다고 하더라도 징계를 피할 수는 없었다. 한두 번 일어난 사건이 아니었기 때문이다. 결국 몇 명의 학생들은 퇴교 조치까지 당하게 되었다.

그런데 아이러니한 것은 연루되었던 학생들을 제외한 다른 학생들은 학교의 방침을 적극 지지했다는 것이다. 내가 보기에는 자신들도 몰래 기숙사에서 술을 먹었으니 그 학생편에 서는 것이 맞는 것 같은데, 이제 본보기를 보여야 할 때가 되었다며 학교측보다 한 술 더 떴다. 다 큰 어른이 다니는 학교에서마저도 스스로를 규율하는 자율성 대신 외부(학교)의 강압적인 규율에 의존하는 모습이었다. 이런 사건의 흐름을 지켜보며 인간의 자율의지가 얼마나 어려운 것인지 씁쓸했다.

그 사건이 일어난 후 크고 작은 문제들이 사라졌다. 모든 것을 규칙에 맞게 엄격하게 적용하자 학생들도 학교가 이제는 제대로 자리매김되는 것 같다며 좋아했다. 바뀐 것은 그 동안 자율의지로 맡겼던 학칙을 엄격하게 적용한 것뿐이었는데 말이다.

• 마흔다섯번째 이야기 •

인트라무로스,
나를 봉으로 알았던 마차주인

인트라무로스. 성벽의 도시. '벽의 안쪽'이라는 뜻을 가진 성곽도시로 1571년 스페인이 필리핀을 통치하기 위해 필리핀인과 중국인을 동원해 만든 곳이다. 이곳에는 스페인군의 사령탑이자 감옥이었던 산티아고 요새와 아시아에서 가장 큰 오르간이 있는 마닐라 성당, 리잘 성지 박물관 등 스페인 식민시대의 슬픈 역사를 그대로 가지고 있었다.

인트라무로스는 마닐라에서 꼭 가봐야 하는 관광지 중 하나다. 그래서 크리스마스 시즌이라 관광객도 많고 바가지요금도 걱정되었지만, 또 2주밖에 머물지는 못하지만 필리핀의 역사를 알 수 있는 인트라무로스에는 꼭 가봐야겠다는 생각에 하루 수업을 빠지기로 했다.

그곳으로 가려면 공공버스를 타야 했다. 내가 있는 알라방에서 인트라무로스까지 가는 버스요금은 100페소다. 버스운전기사는 1시간이 채 걸리지 않을 거라고 했지만 시기가 시기인지라 약 3시간 정도가 걸렸다. 인트라무루스에 도착한 나는 나도 모르게 작은 탄성을 내질렀다. 스페인 식민지 시대의 아픈 과거가 느껴져서 그런 것은 아니다. 이국적인 스페인식 거리와 건축물에 절로 탄성이 나왔던 것이다. 그곳은 정말 아름다웠다. 어디에서 사진을 찍어도 CF가 될 만큼 이국적이고 로맨틱했다. 관광객을 위해 마치 들이 대령하고 있었지만 나는 마차를 타고 빠르게 구경하고 싶지 않았다. 이곳의 거리를 구석구석 사진으로 담아내고 싶었다. 다른 도시와 다르게 약간은 쌀쌀하게 느껴지는 12월의 마닐라 날씨가 나의 의지를 더욱 자극했다.

그렇게 3시간 정도를 돌아다니고 기숙사로 돌아가려는 찰라, 한 구석에서 쉬고 있는 말과 마차의 모습이 보였다. 마지막으로 그 모습을 카메라에 담고 돌아가야지 생각하며 말의 사진을 찍고 있는데, 어디에서 나타났는지 필리핀 남자가 나타나 사진을 찍어주겠다며 다가왔다.

조금 겸연쩍었지만 사람의 친절을 무시하는 것도 예의가 아닌 것 같아 카메라를 줬다. 그런데 마차 위에 앉은 사진을 찍어주겠다며 마차 위로 올라가라고 했다. 그때 알아차려야 했다. 순간 '뭔가 이상한데' 하는 생각이 들었지만 마차 위에서도 찍고 싶은 마음에 순순히 마차 위로 올랐다. 그렇게 해서 고삐를 잡는 사진까지 찍었다. 다 찍고 마차에서 내려오려는 순간, 그 필리핀 남자는 가까이에서 찍어야겠다며 자신도 마차 위로 올랐다. 그러고는 몇 컷의 사진을 찍더니 채찍으로 말의 등짝을 휘갈기고 출발해 버렸다.

그제야 당했다는 생각이 들었다. 하지만 기분 좋게 나온 여행을 망치고 싶지 않았고 옆에 아들인듯 보이는 12세 정도의 아이도 타고 있었기 때문에 화를 내지는 않았다. 뜻하지 않게 마차를 타고 다시 한 번 성곽을 돌게 된 것이지만 '기왕 이렇게 된 거 마음을 가라앉히고 다시 한 번 인트라무루스를 돌아보자' 고 다짐하기까지 했다.

 한국인이 모르는, 필리핀에 관한 불편한 진실

그런데 이 필리핀 남자가 지프니와 버스가 다니는 곳으로 마차를 몰고 가는 것이었다. 나는 '괜찮겠느냐'며 불안해했지만 그는 '괜찮다' 면서 심지어 사람도 지나가기 힘든 차이나타운으로 마차를 끌고 갔다. 아무래도 이건 아니다 싶어 돌아가고 싶다고 했다. 그는 알겠다고 말하며 비좁은 차이나타운을 빠져나오려 애를 썼고 그 거리를 빠져나오는 데 약 1시간 정도 걸렸다.

화가 났고 낚였다는 생각도 들었다. 그래서 나는 내리겠다고 말하며 250페소를 주려고 했다. 그런데 그 필리핀 남자는 곤란한 표정을 지으면서 1,500페소를 달라고 하는 것이 아닌가? 나 혼자 마차를 대여해서 2시간 정도 탔다면서 그 정도는 받아야겠다는 것이었다. 어처구니가 없었다. 내가 가자고 한 것도 아니고 막무가내로 출발했으며 분명히 1시간에 250페소라는 가격표를 봤다며 따지고 들었다. 그러자 그는 협상을 했다. 1,000페소로 깎아주겠다는 것이다. 그 정도는 큰 돈 아니지 않냐면서 넉살좋게 웃음까지 날렸다. 선택의 기로에 섰다.
'그냥 줘버릴까? 어차피 우리나라 돈으로 25,000원밖에 안 되는 돈인데 이곳까지 와서 언성 높일 필요 없잖아. 아니지. 이렇게 당하면 당할수록 한국인을 봉으로 알려고 할 짓 아냐.'

나는 절대로 못 주겠다고 했다. 그러자 필리핀 남자는 얼굴을 험상궂게 구기고는 경찰을 부르겠다고 협박했다. 뭔가 잘못되었구나 하는 생각에 성급하게 지갑에서 돈을 뺐다. 나는 필리핀에서는 언제 소매치기나 강도를 당할지 모른다는 생각에 현찰을 많이 가지고 다니지 않는 편이었다. 그때도 지갑에는 500페소 조금 넘는 금액이 있었다. 나는 돈이 없다며 500페소로 끝내자고 했다. 그는 그런 나의 겁 먹은 모습에 기고만장해서 돈을 더 내지 않으면 경찰을 부르겠다고 고집했다.

순간 그 남자를 구타하고 싶었다. 하지만 옆에 어린 아들이 지켜보고 있었고 필리핀 사람들은 총을 휴대할 수 있어 언제든 사람을 죽일 수 있다는 말을 들은 터라 이러지도 저러지도 못하고 도망갈 기미만 보고 있었다.

결국 나는 "좋다. 돈을 더 주겠다. 하지만 이곳은 사람들이 너무 북적이는 곳이라 돈을 꺼내기 위험하니 조금 한적한 곳으로 가자"며 그를 조금 떨어진 곳으로 데리고 간 뒤 500페소를 그를 향해 버리다시피 던지고 냅다 도망쳤다. 한참을 달렸다. 뒤에서 나를 총구로 겨누고 있지 않을까 겁이 났다. 뒤를 돌아봤다. 그는 마차에서 피식 웃으며 도망가는 나를 바라보고 있었다. 기숙사로 돌아와서도 억울함과 창피함과 바보 같은 나의 모습이 뒤섞어 감정이 뒤죽박죽이었다. 한국인을 봉으로 안다는 필리핀 이야기. 나도 결국 그들에게 봉이 되고 말았다.

EXIT
Intramuros Administration
WELCOME
TO FORT SANTIAGO
Effective 1 February 1991, the management and operation of Fort Santiago has reverted to the Intramuros Administration, an attached agency of the Department of Tourism.
Fort Santiago, a national shrine and historical landmark, is a priceless heritage of the Filipino people, dating from the 16th century.
Visitors are requested to observe order, proper decorum and cleanliness in these hallowed grounds.
EFFECTIVE NOVEMBER 1, 2000 entrance fees shall be per student and per adult.
Fort Santiago is open daily from 8:00 a.m. to 6:00

MEMORARE - MANILA 1945
THIS MEMORIAL IS DEDICATED TO ALL THOSE INNOCENT VICTIMS OF WAR,
MANY OF WHOM WENT NAMELESS AND UNKNOWN TO A COMMON GRAVE, OR NEVER EVEN
KNEW A GRAVE AT ALL, THEIR BODIES HAVING BEEN CONSUMED BY FIRE OR CRUSHED
TO DUST BENEATH THE RUBBLE OF RUINS.
LET THIS MONUMENT BE THE GRAVESTONE FOR EACH AND EVERY ONE OF THE OVER
100,000 MEN, WOMEN, CHILDREN AND INFANTS KILLED IN MANILA DURING ITS BATTLE OF
LIBERATION, FEBRUARY 3 - MARCH 3, 1945. WE HAVE NOT FORGOTTEN THEM, NOR SHALL WE
EVER FORGET.
MAY THEY REST IN PEACE AS PART NOW OF THE SACRED GROUND OF THIS CITY:
THE MANILA OF OUR AFFECTIONS.
FEBRUARY 18, 1995

전쟁터를 방불케 하는 폭죽놀이

레지날드 선생님 그리고 그 가족들과 함께 즐거운 저녁식사

필리핀에서 가장 위험한 시기는 크리스마스와 새해 시즌이다. 필리핀 곳곳에서 전쟁이라도 난 듯 폭죽이 터지고 폭죽으로 말미암아 불이 나기 때문에 엠블런스가 24시간 대기한다.

나는 필리핀에서 맞는 새해는 필리핀인과 보내는 것이 추억이 될 것 같아 레지날드 선생님에게 새해에 초대해달라고 부탁했다. 그는 흔쾌히 그 부탁을 받아들였고 나는 그렇게 한해의 마지막을 레지날드 가족과 보내게 되었다. 새해를 맞이해 필리핀 가정을 방문할 때에는 동그란 과일을 들고 가는 것이 좋다. 동그란 것은 돈을 의미하기 때문에 여러 색깔의 과일로 바구니를 만들어 가져가면 새해선물로 그만이다.

나 또한 과일바구니를 사들고 레지날드 선생님이 모는 차를 타고 집으로 갔다. 레지날드 선생님의 집은 내가 생각했던 것 이상으로 부자였다. 차고가 따로 있었고 실내에 들어서니 디룩디룩 살찐 세 마리의 개가 꼬랑지를 흔들며 가슴팍으로 파고들었다. 그 동안 필리핀에서 봐온 개는 벼룩을 옮길까 봐 무서워 만지지도 못할 만큼 지저분했는데 레지날드 선생님의 집은 내가 기존에 알던 필리핀 가정과 달랐다. 그럴 필요가 없었는데 선생님 집 식구들은 분주했다. 외부인이 그것도 한국인이 새해에 놀러오는 것이 처음 있는 일인지 바쁘게 움직였다.

멀뚱히 텔레비전을 보면서 음식을 기다리고 있기에는 뻘줌해서 주변을 둘러보았다. 한쪽 벽 가득 가족사진들이 걸려 있었다. 얼굴도 알지 못하는 조상들의 어렸을 때 사진부터 최근 사진까지 가족의 역사가 기록된 듯 인상적이었다. 그러고 보니 예전에 다른 필리핀 선생님 집을 방문했을 때도 가족사진들이 저렇게 한쪽 벽면을 가득 메운 것을 본 적이 있는 것 같았다. 나중에 알게 된 사실인데 필리핀인들은 가족 간의 유대관계가 우리가 생각하는 것보다 훨씬 강하다고 한다. 사돈에 팔촌만큼 먼 친척이 불법을 저지르고 살인을 저질러도, 그가 가족이라면 그 이유만으로도 눈감아줄 만큼 가족의 유대관계는 공과 사의 개념을 뛰어넘는다.

7시쯤이 되자 친척인 듯 보이는 사람들이 모여 들었다. 사우디 건설현장에서 일을 하는 사람, 캐나다에서 일하는 사람 등 외국에서 일하던 사람도 있었다. 아마 가족과 함께 연말을 보내기 위해 마닐라로 온 것 같았다. 간간히 들리던 폭죽소리가 8시가 넘어가자 한시도 쉬지 않고 폭죽이 터졌다. 전쟁을 경험하진 않았지만 서로 폭탄과 총질을 하는 전쟁이 일어난다면 이 정도로 시끄럽지 않을까 싶을 정도의 소음이었다. 저녁 먹는 내내 서로의 말소리가 안 들릴 정도로 폭죽 소리는 정도가 심했으나 레지날드를 비롯한 친척들은 그런 소음에 아랑곳하지 않았다. 그들도 서둘러 저녁을 마치고는 준비한 폭죽을 들고 집 밖으로 나갔다.

집 밖에는 이미 남녀노소가 모여 경쟁하듯 폭죽을 터트리며 즐거워하고 있었다. 예민한 사람은 절대 크리스마스와 새해 시즌에는 필리핀에 가지 마라는 이야기가 헛된 소리는 아니었다. 폭죽도 폭죽이지만 자정 넘어 노래 부르는 필리핀인들 때문에 잠을 잘 수 없을 것이다. 필리핀인은 특별한 날이 되면 그날을 기념하고 유흥을 즐기는 것으로 유명한데, 새해 같은 경우 더 센 화력의 폭죽을 더 많이 더 오래 터트리는 사람에게 행운이 온다고 생각하는지 서로 경쟁하듯 폭죽을 터트린다. 그래서 필리핀에서는 폭죽의 화력을 더 세게 개조하다 화상사건이 일어나기도 하고 어린 아이들이 콩알탄 폭죽을 모르고 먹다 죽는 경우도 했다. 내가 본 폭죽 중에는 집에 불이 날 정도로 화력이 센 것도 있다.

자정이 가까워지자 폭죽놀이는 극에 달했다. 모든 필리핀 사람들이 나와서 폭죽을 터트리는지 한치 앞도 보지 못할 만큼 폭죽이 터졌다. 드디어 자정. 누구나 할 것 없이 "HAPPY NEW YEAR"를 외치며 서로 껴안고 새해인사를 나눴다. 와우! 순간 전율이 흘렀다.

'폭죽은 이들의 축제도구였구나.'

폭죽 하나로 모두가 한 마음이 되어 새해를 맞이하는 모습, 조금 부럽기도 했다. 벌거벗은 아이들이 서로를 얼싸안으며 행복해 하는 모습을 보면서 행복은 돈이 있고 없고가 중요한 것이 아니라는 것을 깨닫는다.

I LIKE KOREAN! I HATE KOREA!
space tips

PHILIPPINES

필리핀에서 가장 큰 축제는 크리스마스와 새해이다.
한 달 전부터 축제분위기에 휩싸여
잠을 못 잘 정도로 소음이 심하다.
크리스마스와 새해에 필리핀을 처음 가는 사람은
엄청난 소음을 인내할 각오를 해야 된다.

• 마흔일곱번째 이야기 •

바기오로 가는 길!
다시 입대하는 기분

말도 많고 탈도 많았던 마닐라에서 보낸 2주의 시간을 뒤로 하고, 다음 행선지는 바기오로 정했다. 1년 내내 더운 필리핀에서 유일하게 긴 팔을 입어야 될 정도로 쌀쌀한 날씨를 가지고 있는 곳. 그러기에 신선한 딸기를 볼 수 있는 유일한 곳. 그곳이 바기오다. 필리핀 유학시장에서는 '스파르타 = 바기오' 라고 할 정도로 스파르타식 학교가 많은 곳이기도 하다.

바기오는 국내항공편이 없어 버스로 가야 하는데, 필리핀에 처음 오는 유학생은 마닐라 공항에서 내려 버스를 타고 8시간을 가야 한다. 이런 탓에 바기오에 있는 학교들은 2주에 한 번씩 단체픽업 날짜를 두고 있다. 이동히는 거리가 실어 학생들이 공항에 도착하는 시간을 맞출 수가 없기 때문이다. 학생들 입장에서야 2주에 한 번 오는 픽업시간에 맞춰 도착해야 하니 번거롭기는 하지만, 대신 함께 입학하는 동기생이 현저하게 많아 처음 필리핀을 방문하는 경우라면 동기끼리 의지가 되는 장점도 있다.

마중나온 선생님

내가 바기오에서 다닐 학교는 '모놀'이라는 학교였다. 픽업날짜에 맞춰 마닐라 공항에 가보니 동기생이 50명가량 되었다. 모놀 학교에서는 필리핀 선생님까지 마닐라 공항으로 픽업을 나왔는데 처음부터 영어를 생활화를 하기 위해 만든 학교의 전략이라 했다.

50명 정도 되는 학생이 자대배치를 받기 위해 군용트럭에 실려 가는 군인처럼 어딘가로 실려 갔다. 마닐라 시내를 벗어나자 가로등도 보이지 않았고 울퉁불퉁 비포장도로에 점점 문명과 멀어지는 듯한 느낌이 들었다. 학교에 도착할 때쯤에는 일본 애니매이션 「하울의 움직이는 성」에 나오는 집들처럼 집들이 산 구석구석에 거의 매달려 있는 것처럼 보였다.

'이런 곳에서도 사람이 살 수 있구나' 하는 생각이 들 때쯤 버스는 목적지에 도착했다. 인원이 많다보니 군대 자대배치를 알리듯 누구는 몇 호, 누구는 몇 호 하는 식으로 호명을 하고 한 명씩 버스에서 자신의 짐을 들고 이동했다. 그렇게 기숙사 배치가 끝나자 다른 학교와는 비교도 안 되는 빡빡한 일정이 기다리고 있었다. 다음날 새벽부터 수업이 있기 때문에 그날 모든 것을 끝내야 했던 것이다. 짐을 풀기가 무섭게 오리엔테이션을 했고 그 순간 우리는 진정한 스파르타란 무엇인지 느낄 수 있었다.

모놀은 그동안 다녔던 학교와는 차원이 달랐다. 일단 무조건 복종해야 되었다. 한 달에 한 명은 퇴교조치를 당할 만큼 학교의 규정이 엄격했다. A4 10장 달하는 생활규칙은 혀를 내두를 정도였다. 학교관계자에 설명이 이어질수록 학생들의 얼굴에는 먹구름이 드리워졌다. 나 는 단 2주 동안만 머물 예정이었지만 이 나이 먹어서 고등학교 자율학습하듯이 새벽부터 일어나 10시까지 강제로 공부를 해야 된다는 생각에 한숨부터 나왔다.

하지만 내 나이는 많은 축에 끼지도 못했다. 이미 50대 두 분이 여기서 영어공부를 하고 있었고 내 나이대의 학생도 적지 않았던 것이다. 나이 많은 것이 유세할 일도 아닌데 자꾸만 나이를 핑계로 대고 있는 내 자신을 돌아봤다. 내일부터 시작될 스파르타 생활. 이등병의 마음으로 다시 한 번 나태한 내 마음을 다스리겠다는 다짐을 하며 바기오에서의 하루를 보냈다.

바이오의 딸기

스파르타 교육을 원하는 학생들

새벽 6시 30분. 기상나팔 울리듯 알람이 울렸다. 나와 기숙사 룸메이트가 함께 눈을 떴다. 바기오의 새벽날씨는 입김이 나올 정도로 추웠다. 기숙사 창문에는 서리가 붙어 있었다. 도저히 필리핀의 날씨라고 믿기지 않을 정도였다. 우리나라 겨울과 비슷한데 다른 점이라면 '물 먹는 하마'를 놓아두면 하루에 다 찰 만큼 습한 날씨라는 정도다.

우리는 제대로 꾸미고 수업에 들어갈 만큼의 시간이 없었다. 야구 모자를 푹 눌러쓰고 양치질과 세수 정도만 한 채 수업을 받으러 강당으로 갔다. 모놀 학교는 전교생이 30분씩 문법수업을 듣는 것으로 하루를 시작한다. 지하 강당에 모인 학생은 하나같이 모자를 쓰고 있었는데 아마 나처럼 머리를 감고 손질할 시간이 없어서였을 것이다.
나와 같이 온 동기생들은 아무래도 첫날이다 보니 말똥말똥했지만 기존에 있던 학생들은 눈꺼풀이 천근만근 내려오는지 꾸벅꾸벅 조는 모습도 보였다. 어쨌든 박력 있는 필리핀 선생님 두 명이 15분씩 번갈아 30분의 수업을 마쳤다.

아침 수업이 끝나고 나면 바로 아침식사를 한다. 우리는 군대에서 배식을 받듯 식판을 들고 줄을 섰다. 그런데 이상한 상황이 벌어졌다.

"What's your name?"

한국인 스텝이 어떤 학생한테 다가서더니 이름을 물었다. 그 학생은 똥씹은 표정으로 자신의 영어이름과 한국이름을 알려주었는데, 나중에 알고 보니 한국어로 말을 하다 들켜 벌점을 받은 것이었다. 이곳에서는 수업시간이 아니더라도 늘 영어를 써야 한다. 밥을 먹을 때도 쉬는 시간에도 영어로 말을 해야 한다. 그렇지 않으면 벌점을 받게 되고 벌점이 쌓이면 벌금을 부과하거나 주말에 셀프스터디를 받게 된다.

다른 학교의 식당과 달리 조용한 이유를 이제야 알 것 같았다. 그것을 목격한 이후로 나는 영어표현이 떠오르지 않아 한국말을 해야 할 때 주변의 눈치를 보면서 귓속말로 조용히 했다. 아예 말 자체를 하지 않고 묵묵히 밥만 먹는 학생들이 대부분이었다. 한국인 스텝뿐만 아니라 필리핀 선생님 또한 게임 속 옵서버처럼 보였다.

필리핀 대통령 별장 '맨션하우스' 앞에서

기숙사를 함께 쓰는 친구들끼리는 "Come in", "Be Carefull" 같은 간단한 영어를 써가며 서로가 벌점을 받지 않도록 감시를 해줬다. 벌점을 받게 되면 가뜩이나 밤 11시까지 수업이며 자율학습을 해야 하는데, 주말에도 외출도 못하고 공부에 찌들어 있어야 하기 때문이다.

며칠이 지나자 나와 동기들은 어느 곳에 선생님이 많이 출몰하는지, 한국인 스텝이 누구지 알 수 있게 되었고 우리는 누가 먼저라고 할 것도 없이 자연스럽게 한국말을 쓸 수 있는 공간을 찾게 되었다. 그러나 꼬리가 길면 잡히는 법. 함께 행동을 하는 기숙사 멤버 중 한 명이 잡혔고 그는 주말에 2시간이라는 셀프스터디 벌을 받게 되었다.

우리는 모두 자기가 걸린 것처럼 안타까워했다. 결국, 한국 남자는 의리 빼면 시체라는 생각에 우리는 다 함께 주말에 빨리 돌아와 셀프스터디를 같이 했다. 그런 모습을 지켜본 학교관계자는 우리를 교무실로 불러 이야기를 했다.

"여기 학교가 다른 학교들보다 많이 다르죠."

"조금 많이 다른 것 같아요. 사실 뭐한 이야기지만 군대에 다시 온 듯하네요."

"그렇죠. 하지만 이곳에 온 학생들의 목적이 영어인 이상 학교는 그것을 도와줄 최적의 조건을 만들어야 한다고 생각해요. 그런 의미에서 영어를 쓰지 않을 경우 벌점을 주는 제도를 만든 것이고요. 저는 그것이 영어를 생활화하는 데 도움이 된다고 생각합니다."

"하하! 기숙사에서 같이 생활하는 친구도 걸려서 셀프스터디를 하고 있어요. 주말에 셀프스터디까지 하다 보니 이곳이 왜 스파르타 학교라고들 하는지 알겠더라고요."

"저희가 스파르타가 된 것은 학생들 스스로가 하지 못해서입니다. 가끔 학생들이 저희 스텝들한테 불평을 하는데요. 그 불평이란 것이 다른 학교보다 더 빡세게 잡아주지 않는다는 것이에요. 학생들 스스로 누군가가 잡아주길 원하는 것이죠. 식당 내 영어사용 문제도 학생들이 원해서 하는 것입니다. 실제로 그렇게 했을 때 도움이 되는 것은 학교가 아니라 학생이에요."

그 말이 맞았다. 사실 학교는 학비를 받고 정해진 시간대로 수업을 진행하면 된다. 영어사용 정책을 쓰는 것은 학교 입장에서 보면 오히려 손이 가는 번거로운 일일 뿐이다. 그러나 많은 학생이 그것을 규정이나 제약으로 여길 뿐, 영어를 생활화하기 위한 발판으로 삼지 않는다. 나처럼 눈치나 살피며 한국어를 사용하는 것이다. 식당에서 영어로 이야기하는 몇몇 학생들이 생각났다. 나와 내 친구는 그들이 재수 없다고 했었다. 그런 학생들이 많아지면 스파르타식 학교는 더 이상 존재하지 않아도 될 것이다. 스스로 할 수 있으니까. 스파르타 학교가 유행하는 유일한 나라가 대한민국이라는 사실을 나는 아직도 부정하지 못한다.

• 다마흔아홉번째 이야기 •

수영 못하는 원숭이는 죽어도 마땅하다

바기오에 있으면서 나는 같은 반 학생들한테 필리핀에서 행해지는 한국인의 잘못에 대해서 이야기를 해줬다. 그동안 듣고 겪었던 경험을 바탕으로 목덜미에 문신을 한 필리핀 여성 이야기나 코피노 사건에 대해서도 나름 진지하게 이야기했다. 한 사람의 미꾸라지 같은 짓이 한국의 이미지를 먹칠하는 행위를 조금이라도 막고 싶었던 것이다. 그런데 그것보다 더 창피한 일이 있다고 했다.

"형님. 그 사건 못 들어봤나 보네요."
"무슨 이야기? 또 무슨 사건 있었어?"
"그 사건 때문에 바기오도 그렇지만 다른 지역도 꽤 여파가 있었는데 모르시는군요."

내가 모르는 큰 사건? 그 사건의 전말을 듣고 나자 나는 한국인이라는 것이 창피하다 못해 필리핀인이 왜 그리 한국인에게 적대적인지 충분히 이해가 갔다. 내용은 이러했다.

2009년 10월경 동남아에서 상륙한 태풍 켓사나Ketsana로 말미암아 마닐라에서 최소 300명이 사망했다. 필리핀의 집이 워낙 침수에 취약한지라 집도 사람도 물길에 떠내려가고 물에 빠져 죽는 경우도 허다했다. 그때 많은 국가로부터 대외적 원조를 받았는데 여기에서 문제가 발생했다. 우리나라의 어떤 네티즌이 수영도 못하는 원숭이는 죽어 마땅하다는 이야기를 올렸다는 것이다.

페이스북과 트위터를 통해 그 이야기는 삽시간에 필리핀 전역으로 퍼져나갔고, 필리핀 젊은이들이 한국인을 싫어하는 단초가 되었다.

그런데 여기서 미안하다고 하고 끝났다면 그리 큰 문제가 되지 않았을 텐데, 일부 한국인의 개념 없는 대응이 문제를 키웠다. 필리핀도 잘한 것 없다는 식으로 이야기를 끌고 갔던 것이다. 그들은 필리핀에서 얼마나 시달림을 당했으면 그런 식으로 글을 썼겠느냐며 개념 없이 글을 올린 한국의 네티즌을 두둔했다. 사건은 일파만파 커졌다. 물론 다른 외국인과 달리 필리핀에서 한국인은 봉이다. 강도도 당하고 폭행도 많이 당하는 것이 사실이다. 하지만 자연재해를 당해 수많은 인명피해가 난 상황에서 그 나라 사람들은 죽어도 싸다는 식으로 글을 올린 네티즌을 두둔하는 것은 상식적으로 이해되지 않는 행동이었다.

그 사건이 일어난 후 바기오 시내에서 이유 없이 폭행을 당했다는 한국 학생들이 종종 생겼다고 한다. 요즘에도 괜히 시비를 붙이려고 어깨를 부딪치는 필리핀 젊은이들이 있다고 하니 아직도 감정의 골이 메워지지는 않았나 보다. 그 감정의 골이 메워지려면 필리핀에 있는 한국인 각자가 매너 있는 모습으로 한국인의 이미지를 재인식시켜야 할 것이다. 시간이 얼마나 걸릴지는 아무도 모르지만.

• 쉰번째 이야기 •

100일 휴가 기다리는
군인의 기분으로
팔라완을 기대하다

바기오 모놀에서 보낸 2주의 시간. 영어사관학교를 졸업한 기분이었다. 살면서 고등학교 이후로 그렇게 공부를 해본 적이 없어 지치기도 했지만, 2주 간격으로 지역을 옮기다보니 심신이 많이 지친 탓도 있었다.

'어쨌든 이제는 모놀보다는 편하겠지.'

혹독했던 모놀에서의 시간이 끝나자 다음에 갈 곳은 어디를 가더라도 휴가라는 느낌으로 다가왔다. 게다가 나의 다음 목적지는 필리핀 최고의 관광지 팔라완이었다.

많은 사람이 필리핀에서 가장 유명한 관광지로 보라카이를 꼽는다. 하지만 필리핀인이 생각하는 최고의 관광지는 팔라완이다. 팔라완은 인위적인 휴양지가 아닌 세계적인 자연보호구역으로 지정되어 있는 곳이다. 이곳은 우거진 열대우림과 뛰어난 잠수사이트, 장려한 산과 태고의 동굴, 원시의 해변으로 장식되어 있어 자연이 줄 수 있는 최고의 선물로 일컬어진다.

그렇다면 왜 한국에서는 팔라완이 안 알려졌을까? 몇 가지 해석이 있을 수 있겠지만 우리나라 사람들은 필리핀 여행은 싸고 편해야 한다고 생각한다. 하지만 팔라완은 편하게 갈 수 있는 곳이 아니다. 매 시간 항공편이 있는 세부와 마닐라와는 다르게 하루에 두세 차례 항공편이 있을 뿐이며, 미리 예약을 하지 않으면 보라카이에서 2박 3일 동안 지낼 정도의 금액을 내야 할 정도로 항공료가 비싸다. 게다가 팔라완을 찾는 사람들이 적으니 인터넷 정보를 좋아하는 한국인에게 그 정보가 알려지지 않아 팔라완은 더더욱 미지의 세계가 되었다.

팔라완에는 한국인이 통틀어 100명 남짓 있다고 한다. 그것도 팔라완에 새로 오픈한 학교 AIC에 입학하려는 학생 덕분에 한국인들이 늘어난 것이지 그전에는 50명도 채 되지 않았다고 한다. 그런 팔라완을 나는 2주간 머물 예정이었다. 일정이 정해진 상태에서 미리 비행기 표를 예약했기에 나는 다른 사람보다 저렴한 금액으로 팔라완을 갈 수 있었다.

바기오 모놀에서 2주간의 일정을 마치고 마닐라 공항을 향해 떠나던 날, 남은 친구들은 마치 군대를 제대하는 사람을 보듯 부러운 눈으로 나를 환송해줬다. 바기오에 들어올 때는 몰랐는데 두 번 다시 못 올 곳이라는 생각이 드니 마음이 찡했다. 마닐라에서 8시간이 넘게 차를 타야 올 수 있는 곳이다 보니 다시 올 확률이 희박했던 것이다.

제대를 하면 그렇게 싫던 군부대가 그리워지는데, 다시 못 올 바기오가 그렇게 느껴졌다. 제대 때와 다른 점이 있자면 제대하면 모든 것을 다 할 것 같은 그 열정을 다시는 잃지 않겠다는 굳은 다짐뿐이다. 그런 마음을 간직한 채 팔라완을 향했다.

수박하고 클락을
가셔야 될 것 같네요

혹시나 비행기 시간에 늦을까 싶어 2시간 정도 빨리 출발했다. 그런데 예상했던 마닐라 교통체증이 없어서 비행시간보다 3시간 일찍 마닐라 공항에 도착했다. 역시나 팔라완행 항공기를 수속하는 한국인은 없어보였다. 대부분이 필리핀인이었고, 다른 도시를 갈 때보다 배낭을 멘 백인이 많이 눈에 띄었다.

3시간을 어디에서 보낼까 걱정하고 있었는데 보딩 시간이 한 시간이나 앞당겨졌다는 안내 방송이 들렸다. 원래 예정된 시간보다 빨리 비행기가 출발하는 것이다. 나중에 알게 된 사실이지만 필리핀 국내 항공선은 탑승이 예약되어 있는 모든 인원이 수속을 밟을 경우 예정보다 빨리 출발한다고 한다. 필리핀 항공기를 탈 때는 한국에서 비행기를 탈 때보다 더 이른 시간에 도착할 필요가 있었다.

그렇게 일찍 출발하게 된 팔라완. 필리핀 최고의 지상낙원을 간다고 생각하니 마음이 설레었다. 그때 옆 자석에 앉아 있는 남자가 말을 걸어왔다. 영어가 아니었다.

"저기 한국사람 맞으시죠."

나보다 피부가 검은 한국인을 보지 못해 그를 필리핀인으로 생각했는데 너무 반가웠다. 그는 건설일 때문에 필리핀에 5년 동안 거주하고 있으며 팔라완에 스킨스쿠버를 타러 간다고 했다. 그의 말에 의하며 팔라완은 필리핀 최고의 지상낙원이라며 그 비경을 침이 마르게 설명했다. 나는 여행가이드를 만난 것처럼 이것저것을 물어봤고 그는 무용담을 이야기하듯 팔라완에서 꼭 해야 할 것을 알려줬다. 그곳은 다른 곳보다 한국인이 많지 않아 인심이 좋다는 이야기도 해줬다.

말이 나온 김에 나는 그동안 내가 봐왔던 필리핀에서 목격한 한국인의 수치스러운 행동에 대해서 이야기했다. 그러자 그는 그건 가십거리에 불과하다며 이렇게 말을 했다.

"그건 장난이죠. 한국인이 필리핀에서 잘못한 것을 제대로 알려면 수빅하고 클락을 가야 해요. 그곳에 가보면 지금 알고 있는 것은 아무것도 아니라는 생각을 하게 될 거예요. 수빅에서 H중공업에 일을 한 적이 있는데 같은 동료지만 너무 한 사람들이 많았어요. 필리핀 사람들이 한국인을 제일 싫어할 만해요."
"제가 알고 있는 것들이 아무것도 아니라고요? 그곳에서는 한국인들이 어떤 행동을 하기에 아무것도 아니라는 것이죠?"
"수빅에서는 윤락여성의 반이 코피노 자식을 가지고 있어요. 그런 게 현실이니 태호 씨가 알고 있는 정보는 빙산의 일각에 불과할 뿐이에요."

내가 지금껏 알고 있던 추악한 한국인들의 모습이 빙산의 일각이라니 수빅과 클락에서는 과연 어떤 일들이 벌어지는 것일까? 아홉 군데의 필리핀 어학교 일정이 끝난 뒤 클락과 수빅을 꼭 가봐야 할 것 같은 사명감이 들었다. 필리핀에 대한 한국인의 모습을 어설프게 알려주기보다는 왜 필리핀인들이 한국인을 싫어하는지 제대로 보고 말해야 할 듯 싶었다.

• 쉰두번째 이야기 •

문명과의 단절,
원시적인 삶 팔라완

약 한 시간 정도 비행을 하자 푸에르토 프렌세사(팔라완)에 도착했으나 아무것도 안 보였다. 워낙 늦은 시간에 도착했기 때문이라고 생각했는데, 도시 전체가 정전이 되었던 것이었다. 공항도 정전이 일어나서 트랜지스터로 변환해 전력을 공급할 정도였다.

팔라완 공항은 정말 한적했다. 어디로 얼마에 가자고 흥정하는 택시기사조차 보이지 않았는데, 나중에 알고 보니 팔라완에는 택시가 없다는 것이었다. 공항 앞에는 몇 명의 트라이시클 운전수만이 기다리고 있었다. 팔라완에서의 대중교통수단은 버스와 지프니 그리고 트라이시클밖에는 없었다.

옆좌석에 앉았던 그 한국 남자는 마침 나를 픽업하러 오는 사람과 아는 사이라며 혹시나 낮선 곳에서 잘못될 수 있으니 함께 기다려 주겠다고 했다. 태풍이 왔다고 그러더니 약간 서늘한 기운이 돌았다. 정전이 되어 팔라완 거리를 제대로 볼 수는 없었지만 몸으로 평화로움이 느껴졌다.

20분 정도 지났을까. 필라완 AIC 원장님이 손수 픽업을 나왔다. 원장님은 그동안의 필리핀 삶과는 많이 다를 것이라고 말했다. 그 말의 의미를 학교로 가는 중에 바로 깨달았다. 도시 전체가 정전이 되어 창문 밖 세상을 훤히 볼 수는 없었지만 가로등 없이 오로지 헤드라이트에만 의존하여 달리는 이곳은 확실히 인위적인 곳이 아니었다.

그렇게 한 시간을 달렸을까? 이런 곳에 학교가 있을까 싶은 곳에서 차가 멈췄다. 흰 도화지 위에 점 하나 찍은 것처럼 학교건물만 달랑 있었다. 아니다. 한 가지 더 있었다. 그것은 자연. 어두워 보이지는 않았지만 내 양쪽 귀에는 파도소리가 넘실되고 있었다. 학교는 자연친화적으로 건물을 지은 듯 보였다. 학생들은 그렇게 많지 않았다. 작년 말에 오픈한 학교이기도 하고 알려진 곳이 아니면 잘 가지 않으려는 한국인의 특성상 알려지지 않은 팔라완에 학생들이 섣불리 못 오는 것이리라.

이곳 AIC 학교에서는 다른 도시의 학교와 다른 점이 많다. 제일 먼저 발견한 것은 원장님이 학생들에게 물건들을 사서 나눠주는 것이었다. 택시가 없기에 오로지 지프나 트라이시클을 이용해야 하는데 학교의 위치가 시내와 너무 멀리 떨어져 있어 누군가가 시내로 나가면 물건을 사오도

록 부탁하는 것이었다. 마치 군대에서 휴가 나가는 사람에게 이것저것을 사오라고 하는 것과 비슷했다. 두 번째는 학교 내 음주가 가능하다는 것이었다. 만취가 될 정도의 술은 아니겠지만 반주 정도는 허용하고 있었다. 학교 주변에 아무것도 없기 때문이다.

처음에는 학교에서 술을 먹을 수 있다는 이야기를 반신반의했다. 그러나 하루하루 학교생활을 하자 이해가 갔다. 이곳은 바기오보다 더 심한 곳이다. 바기오에서는 알카트라스 감옥을 탈출하듯 몰래 기숙사를 빠져나와 술을 반입해 먹는 재미라도 있었지만 이곳 팔라완은 학교 밖을 나가도 바다와 열대우림뿐 아무것도 없었다. '할 것이라고는 공부밖에 없다' 는 것이 딱 맞아 떨어지는 곳이 바로 이곳 팔라완이다.

• 쉰세번째 이야기 •

I Like Korean, I Hate Korean

팔라완 AIC 학교는 다른 도시의 학교와는 달리 선생님과 학생간의 관계가 유달리 돈독했다. 학교의 위치 때문이다. 시내에서 한 시간 이상 떨어져 있는 데다 교통편조차 변변치 않다보니 필리핀 선생님들도 학교에 같이 있을 수밖에 없고, 그러다보니 수업이 끝난 후에는 자연스럽게 학생들과 어울렸던 것이다. 언제나 수업이 끝나면 한쪽에는 농구경기를 하는 이들이, 또 다른 한쪽에는 수영을 하는 이들이, 그리고 다른 한쪽에는 배드민턴을 치는 이들이 웃고 떠들고 있었다. 모두가 한가족처럼 지냈다.

원장님이 이야기한 대로 이곳은 기존에 내가 알고 있던 잣대로는 평가할 수 없는 학교였다. 어느 날 학교 선생님들과 기숙사에서 간단히 맥주를 마시며 이야기를 나눌 기회가 있었는데, 그날 한국과 필리핀에 대해 서로 궁금해하는 것을 묻고 대답했다. 다른 지역하고는 다르게 이곳에 있는 선생님들은 한국인을 많이 접해본 사람들이 아니었다. 학교에서 한국인을 처음 접해본 선생님이 대부분이었다.

필리핀 선생님들은 한국인 학생들의 몇몇 태도를 이해하지 못하겠다고 했다. 그중에서 한 가지를 꼽으면 너무 대놓고 불평을 하는 문제였다. 필리핀 사람들은 '히야'라는 감정이 있는데 쉽게 말해 자존심과 비슷한 감정이다. 그런데 학생들이 불평을 하는 수준이 '히야'에 금이 갈 정도라는 것이다. 몇몇 선생님은 그것 때문에 히스테리 증상까지 보일 정도였다.

또 하나 이해 못할 태도는 예의가 없다는 것이다. 필리핀 사람은 대놓고 화를 내지 않는 것으로 유명하다. 오랜 식민지 생활이 그들을 그렇게 만들었을지도 모른다. 그들이 화를 낸다면 그건 분명 두 번 다시 보지 않을 사람이라 생각해서다. 그만큼 필리핀 사람들은 상대방의 마음을 맞춰주는 것이 생활화되어 있다. 그런데 그것도 모르고 학생들은 선생님이 마냥 웃으니까 바보라고 생각하는 것 같다.

그럼에도 선생님들은 대체로 한국인을 좋아했다. 40대 여자 선생님은 한국인들은 친해지면 잘 챙겨준다며 방긋 웃었다. 이런 이야기를 나누고 있을 때 25세쯤 되어 보이는 남학생이 웃으면서 선생님 뒤로 가는 것이 보였다. 설마 하는 생각이 들었다. 하지만 순식간에 그 남학생은 다리가 꺾이도록 선생님 무릎 부분을 차고는 "Just Kidding" 하며 가버리는 것이었다. 어이가 없었다. 내 얼굴이 화끈할 정도였다. 나는 그녀의 얼굴이 붉어지는 것을 느꼈다. 하지만 그녀는 이내 얼굴에 웃음을 띠고 말했다. 자기 학생인데 평소 장난이 심한 것뿐이라고.

너무 화가 났다. 만약 이 선생님이 백인 선생님이었다면 저런 행동을 했을까? 아무리 친하더라도 자기 이모뻘 되는 사람의 다리를 꺾는 사람이 어디 있단 말인가? 순간 이러한 행동들이 쌓이고 쌓여 한국에 대한 감정을 만든다는 생각이 들었다. 한류열풍으로 필리핀에서 한국인에 대한 처음 감정은 "I like Korean"이었다. 하지만 시간이 지나면 지날수록 "I hate Korean"으로 바뀌고 있다. 한국인을 많이 접하지 않는 팔라완의 선생님에게 한국인은 아직까지는 "I like Korean"이다. 그러나 몇몇 한국 학생들의 모습을 보니 그들의 감정이 언제 "I hate Korean"으로 바뀔지 장담할 수가 없어 걱정이 되었다.

전기가 들어오지 않는 선생님 집

팔라완의 생활은 말 그대로 '공부 외에는 할 것이 없다' 는 이야기로 정의 내릴 수 있다. 누가 필리핀을 유흥의 도시라고 했는가라는 볼멘소리가 나올 만큼 팔라완은 자연의 도시였다. 학교에서는 만화책과 DVD를 대량 구매해서 여가활동을 즐기게끔 하지만, 이것도 하루 이틀이지 DVD 영화를 하루에 두 편씩 며칠을 본 후에는 이마저도 지루했다. 나는 곧 이 학교의 장점, 즉 선생님과 주중에 같이 생활하는 관계를 이용해 필리핀 문화를 이해하고 영어회화 실력을 향상하는 데 초점을 두기로 했다. 똑같은 2주의 시간이라도 이곳에서는 그 어떤 학교의 선생님들과의 관계보다 돈독해질 가능성이 컸다.

그런 내 마음을 알았는지 여자 선생님 중 한 분이 자신의 마을에서 열리는 바나나 축제에 초대하셨다. 팔라완의 유명한 휴양지인 언더그라운드나 엘니도에 가기로 했던 날이라 갈등은 했지만 나는 곧 선생님을 따라 최초로 진행되는 바나나 축제를 가기로 결정했다. 여행이라는 것은 다른 때에도 갈 수 있지만 필리핀 축제에 참여할 기회는 두 번 다시 찾아올 것 같지 않아서였다.

나는 화려한 옷을 입고 춤을 추는 필리핀인과 바나나 탈을 쓴 마스코트 그리고 온갖 바나나를 구경하는 상상을 했다. 더욱이 일정 중에 카라바오(물소) 경주도 있다고 해서 기대감에 부풀었다. 그런데 이러한 나의 기대는 여지없이 무너졌다.

선생님이 사는 마을로 들어선 처음 느낌은 '어떻게 이런 곳에서 사람이 살 수 있는가' 하는 것이었다. 아마존에 가보지는 못했지만 내셔널 지오그래피에서 나오는 원주민들의 모습 그대로였다. 사방에 코코넛나무가 있었고 길거리에는 개, 돼지, 닭, 염소, 소 등이 사람과 함께 돌아다니고 있었다. 선생님의 집에서는 코코넛 껍질에 불을 피워서 요리를 하고 있었는데, 전기가 들어오지 않으니 그럴 수밖에 없을 것 같았다. 전기는 트랜스지터를 통해 하루 두 시간 정도만 공급받기 때문에 그에 맞춰 규칙적으로 살게 되었다고 한다. 모든 전기제품의 충전은 물론 저녁식사 또한 정해진 그 두 시간 안에 해결해야 그나마 환한 곳에서 식사를 할 수 있었다. 그 이후에는 칠흑 같은 어둠뿐이다.

나를 초대한 선생님과 그 마을에 살고 있는 AIC 학교의 또 다른 여자 선생님 몇 분이 그날 함께했는데, 그들은 나에게 코코아주스를 해주겠다며 불로를 들고 밖으로 나갔다. 선생님은 아마존의 여전사처럼 칼을 들고 능수능란하게 단단한 코코아 껍질에 구멍을 내어 과즙을 받고 쪼개어 과육을 발라냈다. 자연이 줄 수 있는 최고의 음료였다.

그런데 조금 의아했다. 선생님 누구도 바나나축제 현장으로 가려 하지 않았던 것이다. 보통 축제라고 하면 지금 한창 열릴 시간인데, 그들은 가도 아무것도 없을 거라고만 말할 뿐이었다. 하지만 내가 워낙 가자고 하니까 마지못해 일어나기는 했는데 이동수단이 오토바이였다. 여자선생님 네 명이 오토바이를 타고 가는 모습은 영화 「미녀 삼총사」를 연상시켰다. 나는 나를 초대한 선생님과 함께 오토바이를 타고 바나나축제 현장으로 갔다.

선생님들은 사람이 조금 모여 있는 곳에서 오토바이를 세웠다. 축제 현장이라고는 절대 생각할 수 없는 장소였다. 그곳에는 정말 아무것도 없었

다. 바나나 꽃과 바나나가 놓인 테이블과 그물도 안 쳐진 농구골대에 매달린 현수막만이 그나마 이곳이 축제현장이구나 하고 짐작할 수 있게 할 뿐이었다. 내가 생각했던 바나나 탈을 쓴 마스코트는 절대로 나올 것 같지 않았다.

실망한 내 모습을 보고 선생님은 나중에 디스코파티 때 오자며 다시 집으로 가자고 했다. 나중에 알게 된 사실인데 이 행사는 축제라고는 하지만 동네사람들의 친목을 위한 잔치 수준의 행사였다. 그래서 안내장에 씌어진 공식적인 축제행사 일정과는 다르게 행사가 진행된다고 했다. 이 축제의 하이라이트는 밤에 하는 디스코파티였다. 결국 나는 선생님 집으로 돌아왔고 그들과 함께 저녁준비를 했다. 그들은 한국인은 부자이니까 좋은 음식만 먹을 것으로 생각했는지 차린 음식이 별로 없어 미안하다고 거듭 말했다. 하지만 그날 차린 음식이 평소 그들이 먹는 음식이 아님을 나는 안다. 그들의 하루 임금에 해당하는 고기음식과 선생님들의 친절함에 나는 눈물이 날 만큼 고마웠다.

팔라완을 사랑하지만
추천하지는 않겠다

저녁식사를 마치고 정전이 되기 전에 축제현장으로 다시 갔다. 아까와는 다르게 동네 사람들이 다 모인 듯 북적거렸다. 헐거운 옷을 입고 온 어린 아이들, 지팡이로 지탱하지 않으면 한 걸음도 내딛지 못할 듯 같은 노인들……. 서로가 반갑게 껴안아 인사를 하고, 손등에 이마를 대는 행위로 나이 많은 사람에 대한 공경을 표했다.

그들은 유일한 외국인이었던 나를 향해 반갑게 인사했다. 어디서 배웠는지 너도나도 할 것 없이 "안녕하세요" 하며 인사를 했는데, 몇 몇 아이들은 원더걸스의 '노바디'를 부르면서 내 앞에서 춤을 추기도 했다.

행사는 음악으로 시작해서 음악으로 끝났다. 대형 오디오에서는 끊임없이 음악이 흘러나왔고 사람들은 그 음악에 맞춰 춤을 췄다. 필리핀 사람들이 음주가무를 좋아한다는 것은 알았지만 광장에 나와서 춤을 추는 모습은 장관이었다. 어슬렁거리며 걸어다니는 개조차 무용수처럼 느껴질 정도로 너무 자연스러웠다. 나는 선생님들에게 필리핀 대표 맥주인 산미구엘과 통닭을 사는 것으로 그날의 즐거움을 답례했다.

선생님은 내가 불편한 것은 없는지, 먹고 싶은 것이 무엇인지 계속 물어봤다. 내가 조금이라도 불편해하면 자신들이 잘못 접대해서 그런 것처럼 좌불안석이었다. 이것이 필리핀인의 친절함이다. 그 친절함은 우리가 생각할 때는 '나한테 뭐 원하는 것 있나' 착각을 불러일으킬 만큼 과도하다. 이것이 약간의 문화충돌을 일으키는 것이다. 어떤 한국인은 그 과도한 친절함이 불편해 필리핀인을 피하고, 어떤 한국인은 미치 황세라도 된 양 필리핀인을 괄시하며 즐긴다.

필리핀 사람들은 감정을 쌓아두는 편이다. 처음 보는 사람들에게 굉장히 관대하고 친절하지만 감정이 쌓이고 쌓여 일단 뒤돌아서면 킬러를 고용해서 죽일 정도로 증오하곤 한다. 요즘 들어 킬러에 의해 한국인이 죽는 사건이 비일비재하다는 건 한국인에 대한 필리핀인들의 반감이 점점 한계치에 다다랐음을 의미하는 것이다.

그날 나는 춤을 추면서 즐겁게 하루를 보냈다. 그런데 너무 졸렸다. 새벽 2시가 되자 잠이 쏟아졌다. 감추려 했지만 숨길 수가 없었다. 이내 그런 내 모습을 알아챈 선생님은 들어가 자라고 몇 번이나 말했다. 하지만 나는 판을 깨는 것 같아 괜찮다고만 했다. 그렇게 시간이 지나고 필리핀 사람들도 서서히 집으로 돌아갈 즈음에야 나는 너무 피곤해서 자야 될 것 같다고 말했다. 그러자 선생님들이 안도의 한숨을 내쉬었다. 내일 성당을 가야 하는데 손님인 내가 즐기고 있는 자리에서 먼저 가자는 말을 못하고 내 눈치를 보고 있었던 것이다.

필리핀 사람의 친절함, 어찌 보면 미련할 정도다. 자신의 감정보다는 상대방의 감정을 우선시하고, 자신의 하루 일당보다 비싼 음식을 대접하고, 전혀 모르는 사람인데 외국인 손님이라는 이유로 반갑다면서 선물을 건네는 그들의 모습을 보면서 한국인을 봉으로 여기는 나쁜 인간들이라고 평가했던 내 자신을 반성했다.

그들의 친절함을 한국인이 악용하지 않기를 바란다. 영화 「늑대와 춤을」에서 잘 살고 있는 인디언을 미개인의 문화로 인식하고 망가트렸듯 한국인이 팔라완에 몰려와 그들의 아름다운 문화를 깨버리지 않았으면 좋겠다. 그러기에 나는 팔라완을 사랑했지만 추천해주고 싶지는 않다.

• 쉰여섯번째 이야기 •

다시 돌아온 세부,
의과대학부설에서 강연을하다

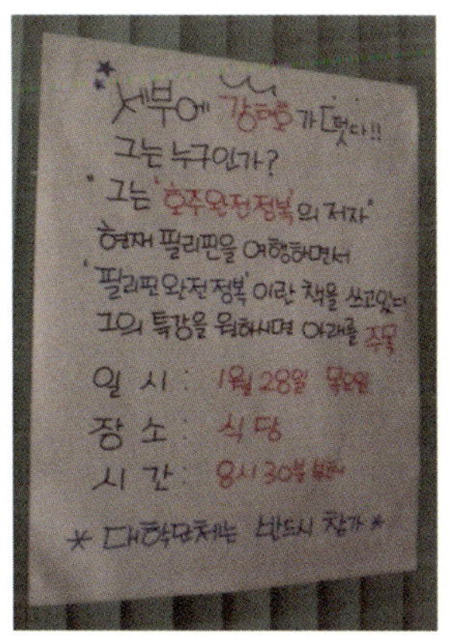

팔라완에서의 2주는 그 어떤 시간보다도 값졌다. 가진 것이 많다고 하여 행복한 것이 아니라는 것을 직접 체험한 소중한 시간이기도 했다. 평생 살고 싶다는 생각이 들 만큼 팔라완의 매력에 푹 빠져 있었지만 예정된 일정이 있었기에 세부에 가아 했다. 세부 의과대학 부설인 CDU에서 한국에서 온 대학생들 대상으로 '워킹홀리데이와 필리핀' 이라는 주제로 강연요청이 들어왔기 때문이다. 나 또한 한국 학생들에게 내가 아는 모든 것을 이야기해주어 문화적 차이를 몰라서 저지르는 실수를 조금이라도 줄여주고 싶었다.

다른 도시를 이동할 때는 토요일에 주로 이동했지만 팔라완에서 세부로 직접 가는 항공권은 평일밖에 없었기에 강연회 전날인 목요일 오전 비행기로 세부에 도착했다. 금요일 강연회에는 30명 정도의 학생들이 강연을 듣기 위해 모여 있었다. 그들은 워킹홀리데이 중에서도 호주워킹홀리데이에 대해 궁금해했다.

연간 3만 명이 갈 만큼 호주워킹홀리데이는 대중화되어 있었기 때문에 당연한 관심사였다. 하지만 나는 호주워킹홀리데이보다는 필리핀에 대해 이야기를 하고 싶었다. 사실 필리핀은 호주워킹홀리데이나 다른 곳으로 유학을 가려는 영어왕초보가 영어를 공부하기 위해 들르는 곳으로 인식되고 있다. 이러한 생각이 얼마나 잘못되었는지, 그리고 필리핀에 있을 때는 적어도 필리핀 사람들을 이해해야 한다는 것을 알려주고자 했다.

결국 학생들이 알고 싶은 것과 내가 알려 주고 싶은 것을 절충해 호주워킹홀리데이에 대한 전반적인 이야기와 함께 지금 벌어지고 있는 필리핀 내 한국인의 현주소에 대해서 강연을 했다. 학생들은 조금 충격을 받은 듯했다. 클럽을 전전하거나 카지노나 비키니 바에 중독된 친구들이 있기는 했지만, 사정이 그 정도였는지는 몰랐다고 했다.

강연을 마치면서 조그마한 변화가 생기길 진심으로 바랐다. 내가 필리핀에 올 때 누군가가 나이키 운동화를 신고 코카콜라 한 병을 들고 있으면 필리핀 여성이 붙을 것이라는 이야기를 해준 저이 있다. 이세 다시는 그런 저급한 이야기가 나오지 않았으면 좋겠다. 그날 강연의 마지막은 부탁의 말로 마무리했다.

"여기 계시는 분들이 지금까지 제가 말씀드린 것을 퍼트렸으면 좋겠습니다. 그리고 우리 스스로의 행동에 대해 부끄러움을 느끼는 사람들이 되었으면 좋겠습니다. 필리핀에서 이러저러하게 놀았다는 것이 무용담이 되어버리는 지금의 현실을 바꾸려면 여러분만 옳고 바르게 행동해서는 안 됩니다. 필리핀에 오는 많은 사람들에게 이러한 현실을 알리고 제대로 행동할 것을 촉구해야 합니다. 이곳 필리핀이 아니더라도 외국에서 행하는 행동 하나하나는 단지 한 사람의 행동으로 끝나지 않습니다. 그것이 한국의 이미지가 되고 한국을 평가하는 잣대가 됩니다. 각자가 외교관이 되어 니라를 대표한다는 생각으로 행동하기를 바랍니다."

• 쉰일곱번째 이야기 •

내 의견과 다르면
왜 적이 되나요?

여덟 번째 학교는 라이프세부였다. 라이프세부는 말하기 중심의 학교였다. 회화 중심으로 영어를 배우고자 하는 나에게는 딱 맞는 학교였다. 많은 학생들이 어떤 학교가 좋은지 물어보는데, 정답을 내리듯 좋은 학교를 단정지어 말할 수는 없다. 그보다는 자신의 필요에 맞는 학교를 고르는 것이 중요하다. 즉 아이엘츠로 유명한 학교, 토익으로 유명한 학교 등 학교마다 내세우는 커리큘럼을 보면서 자신이 선택을 해야지 무작정 좋다고 해서 선택하는 것은 바람직하지 않다는 것이다. 또 일단 학교를 선택한 후에는 그 학교의 장점을 최대한 받아들여 자신의 것으로 만드는 것이 중요하다.

라이프세부는 철저하게 말하기 중심으로 영어를 가르치기 때문에 말하기 능력을 향상시키는 데에는 더없이 좋은 학교였다. 다른 학교와는 다르게 수업 중 말할 기회가 많았다. CNN 수업에서부터 오픽수업까지 모든 것이 말하기 중심으로 이루어졌다.

라이프세부에서 내가 좋아했던 선생님은 시나Shena였는데, 그녀는 나이는 어렸지만 라이프세부에서 가장 능력 있는 선생님이었다. 여자대통령이 꿈이라고 말할 만큼 당찬 면이 있고, 학교 일이 끝나면 야간대학을 다니면서 자신의 꿈을 위해 전진하는 실천력도 겸비했다.

나와 그녀는 한국과 필리핀에 대해 많은 이야기를 주고받았는데, 그녀가 말한 한국인의 특징 중에 내 기억에 남는 것은 한국인은 매사 진지하다는 것이었다. 좋게 말해 진지하다는 것이지 그녀 말의 요지는 '한국인은 인생을 즐길 줄 모른다' 는 것이었다. 솔직한 의견이긴 했지만 조금 기분이 상했다. 그래서 나 역시 필리핀 사람에 대한 나의 솔직한 시선을 이야기했다. 필리핀 사람은 너무 나태하고 약속을 안 지키는 것 같다고 말이다.

그녀는 나와 달리 기분 나빠하지 않았다. 맞다고 인정하면서 웃었다. 자기 나라 사람에 대해 나쁘게 이야기하는데 웃을 수 있다니, 나만 속 좁은 놈이 된 것 같아 더욱 기분이 상했다.

내 마음을 아는지 모르는지 그녀는 한국인의 또 다른 단점을 이야기했다. 한국인은 자신의 의견에 반대하는 사람을 적으로 대한다는 것이다. 어떤 문제든지 자기 의견에 동조하지 않으면 '너랑 나랑은 말이 안 통해' 라고 벽을 쌓아 버리고는 논의를 중단해 버린다는 것. 지금의 내 심리를 꿰뚫어보는 것 같아 조금 찔렸다.

그녀는 한국인이 필리핀인에게 이렇게 살면 안 된다는 식으로 훈장질을 하는 것을 보면 참을 수가 없다고 했다. 필리핀이 한국보다 못사는 것은 사실이지만 잠시 방문하는 입장에서 필리핀에 사는 사람에게 '이것은 안 좋으니 바꾸라' 는 식의 조언은 달갑지 않다는 것이다.

나는 그녀의 말에 반박을 하지 못했다.

우리는 선생님이 아니다

"선생님 나이가 어떻게 되요?"

여자한테 나이를 묻는 것은 실례지만 너무 궁금했다. 시나 선생님의 나이는 24세였다. 30세 정도 예상했는데 생각보다 어렸다. 그런 나의 생각을 말하자 그녀는 한국인은 모든 기준을 나이로 결정하는 것 같다며 화제를 돌렸다. 필리핀에서는 나이가 많더라도 서로 마음이 맞으면 친구가 될 수 있는데, 한국인은 나이차가 많이 나면 그러지 못하는 것 같다는 것이었다. 그룹수업을 하다보면 한국인들은 나이끼리 모이거나 나이순으로 미묘한 관계가 형성된다며, 심지어는 나이 어린 친구들이 나이 많은 학생의 이름을 부르면 나이 많은 학생의 표정이 싹 바뀌기도 한다고 했다.

그래서 그녀는 한국 학생들이 깔볼까 봐 웬만해서는 실제 나이를 공개하지 않는다고 했다. 필리핀 학교는 선생님 나이가 대부분 20대 초반에서 30대 초반이다. 그렇게 어린 선생님은 학생에게 당하기 일쑤인데, 나 또한 여러 학교를 전전하면서 선생님에게 함부로 대하는 학생들을 종종 목격했다.

그런데 그런 행동을 무례하다고 단정 지을 수 없는 것이, 같은 또래의 선생님에게 친구처럼 스스럼없이 대하다 보니 오해를 빚는 것은 아닐까 싶었다. 그러자 그녀는 선생들도 장난과 진담 정도는 가릴 수 있다고, 학생들의 행동은 분명 악의가 있다며 그런 일이 생길 때마다 화를 낼 수도 없고 속상하다고 했다. 필리핀 선생들은 직장을 잃으면 생계를 걱정해야 하는 형편이라서 몸집이 작다고, 나이가 적다고 짓궂게 장난을 치면 이러지도 저러지도 못하는 상황이 되고 만다. 야단이라도 치면 곧바로 학교관계자에게 가서 불평을 쏟아놓기 때문이다.

대부분 학교에서 학생들의 클레임 정도가 선생님을 평가하는 주요 잣대가 되기 때문에, 학생에게 찍힌 선생님은 심지어 직장을 그만둬야 하는 상황까지도 생기곤 한다. 학생의 눈치를 안 보려야 안 볼 수가 없는 것이다.
시나 선생님은 이런 이야기를 하면서 울분을 토했다.
"우리는 선생님이 아니다. 그냥 한국 학생들 비위를 맞춰주는 서비스업 종사자다."

인정하고 싶지 않았지만 인정할 수밖에 없었다. 한국 학생들은 선생님의 자질을 보기보다는 어린 선생님, 깔끔한 외모의 선생님을 원하는 것이 사실이다. 외국인을 만나면 입도 뻥끗 못하면서 선생님의 영어실력을 탓하기도 한다. 수업 종이 울리고 학생들이 우르르 나왔다. 또 보기 싫은 광경이 보인다. 한쪽 구석에서 몸집 작은 필리핀 선생님의 팔을 꺾으면서 장난을 치는 학생. 옆에 있는 시나 선생님 얼굴을 보기가 부끄러울 뿐이었다.

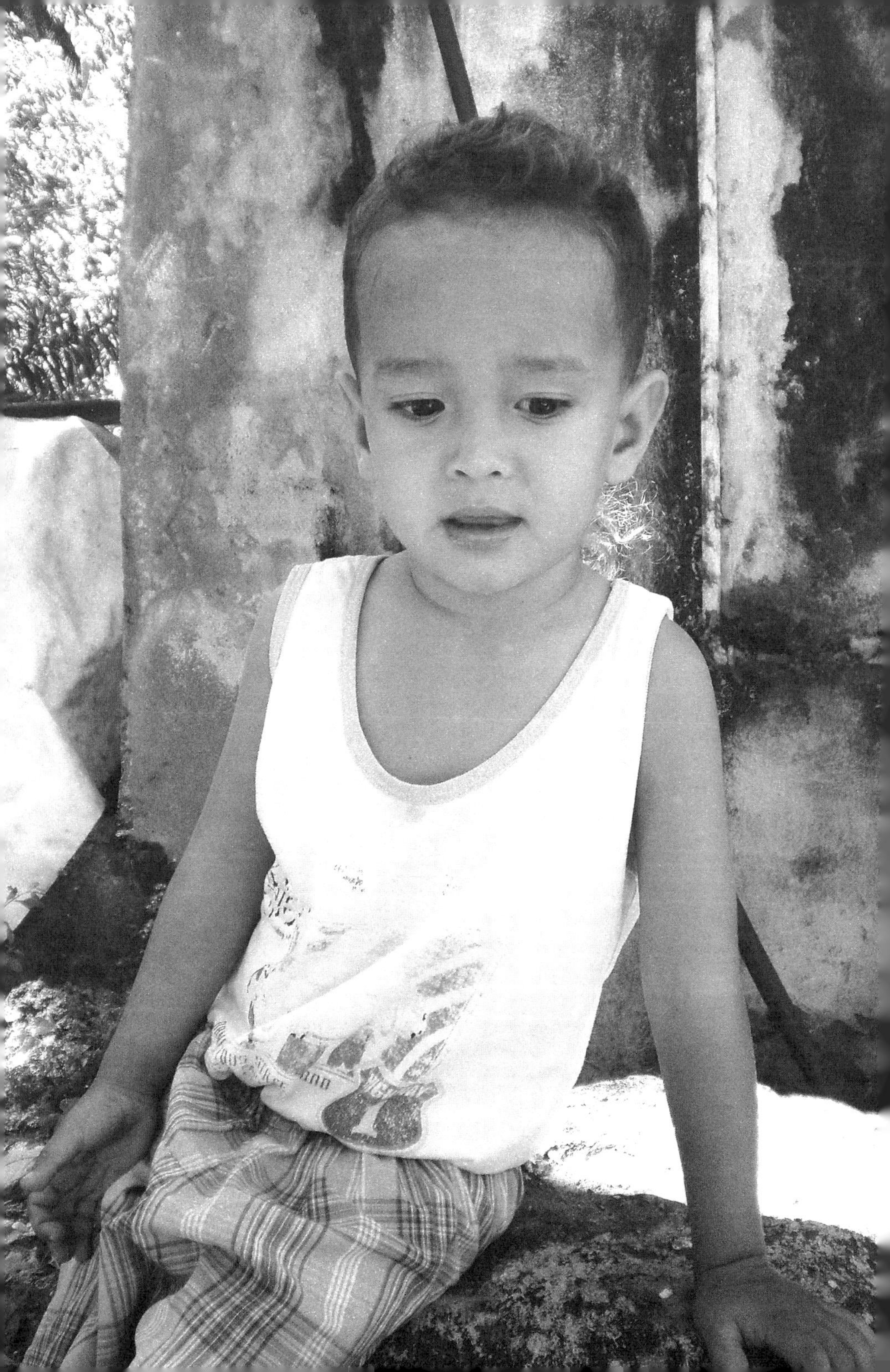

• 쉰아홉번째 이야기 •

다수 앞에 선 소수의 서러움

마지막 학교는 '필인터'였다. 이곳은 세부 시내에서 택시를 타고 40분 정도 이동해야 하는 세부국제공항인 막탄섬에 위치한 학교다. 그러다 보니 이전에 사귀었던 학교 친구들하고 평일에 만나기에는 힘들었다. 그래서 마치 한국에 돌아가는 듯이 이별파티까지 할 정도였다.

필인터 학교에 도착해서 처음 한 일은 새로 온 친구들과 한 자리에 모여 레벨테스트를 본 것이었다. 그런데 새로 온 학생들이 한국인이 아닌 것 같았다. 레벨테스트를 하며 들리는 영어발음을 유추해봤다. 세상에! 이번 주에 새로 입학한 학생 모두가 나만 빼고는 다 일본인이었다. 나중에 알게 된 사실이지만 필인터는 다른 학교와는 다르게 일본인이 많이 온다. 일본인 비중이 30퍼센트 정도라 일본인 매니저가 따로 있다.

처음에는 한국인이 적어서 좋다고 생각했다. 아무래도 한국인 친구들과 있으면 한국어를 쓸 것이 뻔하기 때문이다. 일본인과 있으면 아무래도 영어를 더 쓸 수밖에 없는 상황이므로 영어공부에 도움이 될 것이라고 생각했다.

그런데 이게 웬걸. 그것은 나만의 착각이었다. 나 빼고는 모두가 일본인이다 보니 내가 낄 자리가 없었다. 영어를 잘하는 편이 아니라서 일본어로 대화를 하는 것이다. 다수 앞에서 소수자의 서러움이 느껴졌다. 필리핀 학교는 100퍼센트 한국인이라고 할 정도로 한국인의 필리핀 어학연수 비율이 높다. 그러나 최근 들어 일본인, 중국인이 한둘씩 들어오는데 그들의 심정이 지금의 나와 같았겠구나 생각하니, 그들을 좀더 배려해주지 못한 지난 과거가 후회막심이었다.

그렇다고 2주 동안 혼자서 쓸쓸히 지낼 수는 없었다. 나는 일본인 친구들에게 좋은 곳이 있다고 이곳저곳을 소개하며 가이드 역할을 자청했다. 하지만 그것도 잠시, 영어로 이야기를 하다보면 하고 싶은 말을 제대로 할 수 없어 대화가 막히게 되고 결국 그들은 그들끼리, 나는 혼자 지내게 되었다. 점점 지치고 외로웠다. 나보다 먼저 입학한 한국인 그룹에 끼려고 해도 쉽지 않았다. 한국인은 일단 그룹이 형성되면 낯선 사람이 합류하는 것을 달갑게 여기지 않기 때문에 어느 그룹에도 끼지 못하는 상태가 되었다. 나만 빼고 모든 학생이 끼리끼리 필리핀 생활을 하는 것을 나는 룸메이트도 없이 견뎠다. 필리핀에서 가장 외로운 2주였다.

필인터 배치메이드 일본인 친구들

혹시
호주워킹홀리데이 책 쓰신 분
아니세요?

주말에 일본인 배치메이드들에게 여행을 가자고 제안했다. 하지만 그들과 나는 가고 싶은 여행지가 달랐다. 나는 예정 없이 떠나는 서바이벌 여행을 하고 싶었지만 그들은 세부에서 가장 유명한 '보홀' 에 가고 싶어했다. 다른 한국인 친구들에게도 물어보았으나 다들 약속이 있다고 했다. 결국 나 혼자 주말을 보낼 수밖에 없었다.

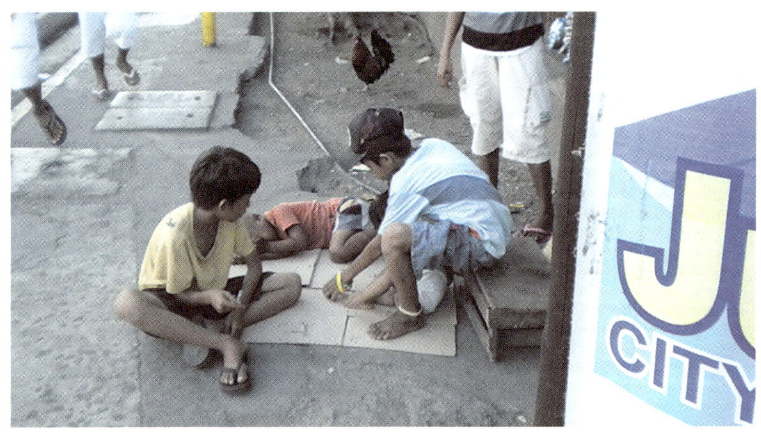

무작정 카메라를 들고 나갔다. 주말에 학교에 있는 것보다는 나으리라. 무작정 걸었던 것 같다. 얼굴이며 팔이며 필리핀인처럼 까매져서 위험하지도 않았다. 내가 사진을 찍으면 웃으면서 포즈를 잡아주는 필리핀인도 많았다.

세부의 모습은 여느 필리핀 지역과 다르지 않았다. 체스를 두는 사람, 당구대를 작게 만들어 구슬로 포켓볼을 치는 사람, 농구를 하는 사람. 웃통을 벗고 등목을 하는 사람. 주저앉은 지붕 사이에서 낮잠을 즐기는 사람……. 그들의 모습은 한량이 따로 없다. 거리를 걸으며 그런 그들의 모습을 하나하나 담았다. 두 시간쯤 걸었을까? 굉장히 큰 건물이 보였다. 세부 시내에서 가장 큰 건물 같았다. 워터프론트 호텔이었는데, 그곳에서는 나를 평생 후회하게 만든 카지노가 있었다. 갑자기 심장이 벌렁벌렁거렸다.

'다시 한 번 들어가 볼까? 이제 내 스스로 제어를 할 수 있잖아?'

'아니야. 또 한 번 빠지면 그동안 잘해냈던 모든 것이 물거품이 될 수 있어.'

그러나 결국 나는 그곳에 들어갔다. 그곳은 내가 호주에서 갔던 카지노보다는 작았다. 호주의 카지노가 이마트라면 이곳은 동네 구멍가게 수준이었다. 사람들은 많았는데 대부분 한국인으로 보였다. 이곳저곳에서 짧은 탄성이 들렸고 한국어가 귀에 들어왔다.

내가 호주에서 중독되었던 게임인 룰렛은 밤에 시작되는지 진행되지 않았다. 대신 박카라 게임이 진행되었는데, 어떤 식으로 진행되는지는 모르지만 사람들이 많이 모인 것으로 봐서는 굉장히 인기 있는 게임인 듯 보였다. 게임 참여자는 대개 한국인이었는데 게임이 풀리지 않는지 한국어로 욕을 해댔고, 딜러들은 어디서 배웠는지 모를 한국어로 그들을 위로했다. 시간이 좀 더 지나자 한국인이 더 몰려 들어왔고 룰렛 게임도 시작되었다. 워낙 룰렛 게임을 좋아했던지라 내 발걸음은 자연스럽게 그곳으로 향했다. 처음에는 구경만 할 참이었는데 어느덧 게임을 하고 있었고 어느 정도의 시간이 지났는지도 모를 만큼 흠뻑 빠져 있었다. 그때 누군가가 나에게 말을 걸었다.

"혹시 강태호 씨 아니세요?"
"예? 그런데요. 누구시죠?"
"호주워킹홀리데이 주제로 책을 쓰신 분 맞죠?"

쥐구멍이라도 들어가고 싶었다. 호주워킹홀리데이 책에서 도박의 무서움에 대해 그렇게 이야기를 해놓고는 독자 앞에서 게임을 하고 있었으니 창피하기가 이루 말할 수가 없었다. 빙의된 것처럼 정신 놓고 게임을 하던 나는 그제야 지갑을 열어 봤다. 택시 대신 지프니를 타고 다니며 모아뒀던 돈이 순식간에 사라진 상태였다.

나를 알아봤던 그에게 나를 시험해보는 셈치고 게임을 한 것이라고 궁색하게 말하고 얼른 그 자리를 빠져나왔다. 평생을 후회할 것이라며 열변을 토하며 카지노에는 절대로 가지 말라고 말하고 다녔던 내가 다시 게임에 손을 댔으니 내 자신이 부끄러워 얼굴을 들 수가 없었다. 그래도 더 늦기 전에 부끄러움을 느껴서 다행이다. 그러지 않았다면 나는 또 한 번 해서는 안 되는 행동을 한 것을 평생 후회하면서 살았을 것이다. 도박은 그렇게 무서운 것이다.

Da Hon Laya
C. C. s.
MY WAY
Kalooy nang Sundalo
Walay mog

필리핀 현지인과의 삶의 시작

예정되어 있던 모든 학교의 일정이 끝났다. 총18주. 2주 간격으로 9곳의 학교를 다니면서 정말 많은 것을 느꼈고 영어도 생각했던 것 이상으로 늘었다. 이제 선택을 해야 했다. 자취를 하면서 필리핀 개인교사를 두면서 살 것인지, 아니면 필리핀 전역을 여행하면서 필리핀을 더 가까이에서 느낄 것인지…….

고민에 빠져 있는 나에게 SME에서 친하게 지내던 빅터가 SC 선생님 집에 빈 방이 있으니 그곳에 있으라고 권유했다. 가끔 외식할 때 계산이나 해주면 된다고 했다. 숙박비도 없고 필리핀 현지인과 함께 할 수 있다는 생각에 나는 주저앉고 수락의사를 밝혔다.

그렇게 해서 나는 콤포스텔라Compostela라는 지역으로 가게 되었다. 그곳은 세부 시내에서 지프니로 한 시간을 달려야 갈 수 있는 곳이다. 몇몇 친구들은 필리핀 사람들만 있는 곳에 살면 위험하다고 만류했지만, 한국인이 없으면 인심이 더 좋다는 믿음이 있었다. 팔라완에서도 그랬으니까.

SC 선생님의 집은 생각했던 것보다 좋았다. 한국과 비교하면 누추한 곳이었겠지만 이곳은 필리핀이었고 팔라완에서 바나나 축제 때 봤던 마을을 기억하면 이곳은 오성급 호텔이라는 생각까지 들었다. SC 선생님 가족들은 내가 머물 방을 분주히 치우고 있었다. 오랫동안 빈방으로 있었던지 벌레들의 사체와 쓰레기가 많이 나왔다. 나는 그곳에서 두 달 동안 머물 예정이었나.

나는 고마움의 표시로 온가족이 먹을 수 있을 만큼 고기를 사와 자장을 해줬다. 그들은 처음 맛보는 자장을 먹으며 엄지손가락을 치켜세웠다. 그들 또한 앞으로 2개월 동안 살게 될 한국인과의 생활이 기대되는지 친구들까지 데려와 인사를 했다. 장녀(아떼)인 트리샤는 가족들에게 앞으로 내가 어떠한 불편함이 없도록 도와주라고 했다. 나중에 알게 된 사실이지만 필리핀에서는 맏이에게 굉장한 권한을 준다고 한다. 트리샤는 맏이였기에 SC 선생님이 없을 때는 손님인 나의 모든 것을 책임질 역할과 권한이 있었던 것이다.

내 예상대로 이곳 사람들은 팔라완에서 만난 사람들과 똑같았다. 그들은 나의 눈치를 보고 있었고, 내가 조금이라도 불편해 하면 자기들에게 잘못이 있는 것마냥 미안해했다. SC 선생님과 빅터는 이곳에 있는 모든 이들이 잘 챙겨줄 것이니 걱정하지 말라고 했다. 그리고 앞으로 빅터도 나와 함께 방을 쓸 것이라는 반가운 소식을 전해줬다. 아무래도 외지인이 혼자 있다 보면 사고가 날 수 있으니 같이 있으라는 것이었다. 그렇게 해서 학교가 아닌 제2의 필리핀 생활이 시작되었다.

필리핀 내 한국음식은 아씨마트에서 우리나라와
비슷한 금액으로 판매가 되고 있다.

트라이시클 안에서 빅터와 SC와 함께

• 예순두번째 이야기 •

Good Morning!
Thank You!

새벽이 되자 닭, 개, 돼지 온갖 동물들이 미친 듯이 울었다. 새삼 느끼는 것이지만 필리핀에 오면 준비물로 꼭 귀마개를 가지고 오라. 특히 닭은 시간개념이 없다. 어느 때든 운다. 더군다나 내가 머물고 있는 이 마을은 모든 집이 한 마리씩 닭들을 키우고 있었다.

가뜩이나 옆에서 조금이라도 비비적거리면 못 자는데 닭 울음소리에 잠을 잘 수가 없었다. 얼마나 잠을 설쳤을까? 햇살이 창틈으로 새어나올 무렵 나는 잠자리에서 일어났다. 옆에서 자던 빅터는 이미 출근을 하고 없었다.

어제 저녁에는 도착한 첫날이라 내가 살 곳의 주변을 살피지 못했는데, 오늘 보니 온갖 동물들이 뛰어다니는 동물의 왕국이었다. 병아리 새끼들은 엄마 찾아 삐약삐약 돌아다니고, 고양이와 개들은 나를 지키는 가드인 양 집 주변을 서성이고 있었다.

멀리서 트리샤가 반갑게 미소를 지으며 인사를 했다. 트리샤 집에 들어서자 아침을 먹을 시간. 필리핀 아침은 아주 간단하다. 밥하고 반찬 하나면 끝. 반찬은 주로 드라이피시Dry Fish인데, 우리나라 김치처럼 필리핀의 대표 음식이고 맛은 정말 짜다. 필리핀 음식은 대개 짜고 달다.

드라이피시를 만드는 사팍아이

드라이피시

아침을 먹은 후 트리샤는 자신의 여동생인 MM과 함께 한국 노래를 불러주겠다며 기타를 가져 왔다. 필리핀 사람은 음악이 없으면 못 산다고 할 만큼 음악을 좋아한다. 그녀들은 나보다 한국 노래를 훨씬 잘 불렀다.

우리는 매일 아침, 점심, 저녁을 먹으면서 한국과 필리핀의 이모저모를 알려주고 이야기했다. 하지만 며칠이 지나자 이런 일상이 슬슬 지겨워졌다. 인터넷 연결도 안 되고 트리샤는 학교선생님이 아니다보니 영어를 전문적으로 구사하지도 못했다. 의사소통하는 데 한계가 느껴진 것이다.

결국 나는 지루함을 이겨내지 못하고 세부 시내로 놀러가기로 했다. 빅터와 SC 선생님이 퇴근할 때까지 세부 시내를 돌아다니는 것이 나을 것 같았기 때문이다. 그런데 워낙 세부 시내에서 멀리 떨어져 있는 곳이라서 지프니를 타는 곳까지 혼자 찾아갈 엄두가 나지 않았다. 그런 나에게 트리샤는 시내로 가는 지프니를 탈 수 있는 곳까지 한 명의 아이를 동행시켰다. 12살이 채 안 되어보이는 아이는 보고 나는 인사를 건넸다.

"Good morning."

아이는 알 듯 모를 듯 멀뚱멀뚱한 눈으로 나를 바라봤다. 다시 한 번 인사를 했다.

"Thank you."

그랬다. 그 아이는 언어를 몰랐다. 필리핀 언어인 따갈로어조차도 모른다고 했다. 길거리에서 구걸행위를 하다 SC선생님의 삼존인 신부님에 눈에 띠어 SC 선생님의 집에서 기거할 수 있게 된 아이였다. 트리샤는 옆 공터에 그 아이와 비슷한 아이들이 기거하고 있다고 말했다. 그리고 이곳에서 얼마 떨어져 있지 않는 사팍Sapak이라는 곳에서는 신부님이 집 없고 부모 없는 아이들을 돌보고 있다고 했다. 일손이 많이 부족하다는 이야기도 덧붙였다.

'그래! 내가 이들에게 해줄 수 있는 봉사활동을 해보자. 한국인이 얼마나 멋있는 사람들인지 알려주겠어.'

나는 진심으로 그들에게 도움이 되고 싶었고 그들의 고통을 나눌 수 있는 가슴 따뜻한 사람이 되고 싶었다.

• 예순세번째 이야기 •

한국이름이 어떻게 되나요?

트리샤와 함께 간 사팍은 참으로 비참했다. 아이들이 기거하는 곳은 전쟁터에서나 있을 법한 막사 수준이었다. 아이들이 겨우 누울 정도밖에 안 되는 좁은 공간이었는데, 다닥다닥 나무판자로 붙여 놓았을 뿐 창문도 문도 없어 해충이 득실득실했다. 이 정도라면 비를 피한다 뿐이지 길거리에서 자는 것과 별반 다를 게 없었다.

그동안 내가 얼마나 행복하게 살고 있었는지 감사했다. 아이들에게 뭐라도 해주고 싶었다. 트리샤는 나에게 한국에 대해 이야기해주라며 조언했다. 나는 노트북에 담긴 한국사진과 내가 호주에 있었을 때 찍었던 사진들을 보여줬다. 아이들은 사진이라는 것을 처음 보는지 노트북 화면을 뚫어지게 쳐다봤다.

아이들은 한국의 고층건물과 지하철을 보고는 작은 탄성까지 질렀다. 하지만 그들에게 보여줄 사진은 그리 많지 않았다. 나도 아쉬웠지만 아이들도 많이 아쉬워했다.

필리핀 선생님들과 트리샤

나는 아이들에게 절대로 꿈을 잃지 말고 열심히 하라고 말해주고 싶었지만 결국 하지 못했다. 영어는커녕 자신들의 언어조차 모르는 애들이었기 때문이다. 그래도 그들에게 조금이라도 도움이 되고 싶어 트리샤를 통역사 삼아 지금 무엇이 제일 하고 싶은지 물었다.

하나같이 예쁜 옷을 입고 싶다고 했다. 그러자 여태껏 눈에 들어오지 않았던 아이들의 옷이 보였다. 걸레로도 안 쓸 것 같은 옷을 입고 있었다. 구멍 난 것은 둘째 치고, 옷을 그저 가리는 용도로만 생각하는 것 같았다. 지금 당장 아이들의 옷을 살 수도 없어 안타까운 마음만 들었다.

한 시간이 짧은 민남을 뒤로 하고 집으로 가는데 멀리서 한 아이가 뛰어오며 소리쳤다. 그 아이의 손에는 과자가 있었다. 1페소 정도에 사먹을 수 있는 과자였다. 그는 한국말로 "감사합니다" 하고는 내 손에 과자를 쥐어준 채 뒤돌아 뛰어갔다. 과자는 그 아이가 나에게 줄 수 있는 최고의 선물이었을 것이다.

이렇게 돌아갈 수는 없었다. 나도 아이들에게 뭔가 해줘야 할 것 같았다. 무엇이 좋을까? 한참을 고민하다 직접 음식을 만들기로 했다. 아이들에게 한국음식의 맛을 보여주고 싶기도 했다.

다음은 어떤 음식을 해줄까 하는 고민이 시작했다. 불고기를 해주고 싶었지만 200명에게 해줄 형편이 되지 않았다. 고민 끝에 카레를 만들기로 결정했다. 아이들은 처음 맛보는 카레를 신기해했다. 대형 솥에 노란 강황 가루를 넣고 조금 더 끓이자 카레가 완성되었다. 아이들은 마술이라도 보는 양 신기해했다. 사실 그때의 카레는 실패작이었다. 200인분을 만들다 보니 걸쭉하게 끓이지도 못했고 고기와 야채도 충분하지 못했다.

하지만 아이들은 고맙게도 나의 음식을 맛있게 먹어줬다. 내가 아이들에게 제공한 한 끼 식사의 총비용은 5만 원이 채 되지 않았다. 단돈 5만 원으로 200명의 아이들이 기쁘고 즐겁게 식사를 한 것이다. 아이들이 식사하는 것을 보고 나오려는데 트리샤가 아이들이 나의 이름을 알고 싶어한다고 말했다.

"I am David."
트리샤는 아이들이 한국이름을 알고 싶어한다고 했다.

"강태호."
외국에 나가서는 절대 쓰지 않던 나의 이름 강태호를 알려줬다. 카레라는 음식을 만들어준 한국인 강태호. 그 아이들은 지금도 나를 기억할까? 나는 그날 세상 누구보다 행복했다.

• 예순네번째 이야기 •

왜 나는 그를 의심했을까?

그날 이후 나는 매주 목요일 자장과 카레를 번갈아가면서 사팍 아이들에게 점심을 해줬다. 그런 모습을 보면서 트리샤는 너무 친절하다며 한국에 돌아가면 필리핀에 대해 정확하게 이야기해달라고 했다. 그 이야기를 듣는데 갑자기 지금 내가 알고 있는 것만으로 필리핀에 대해 말한다는 것은 성급한 일반화를 저지르는 것이라는 생각이 들었다. 그때까지 내가 갔던 다바오, 바기오, 마닐라, 세부 또한 각 도시의 특징이 너무 강했다. 따갈로어를 쓰지 않으면 서로 이해를 못 할 정도로 서로 다른 문화와 언어를 가지고 있었다. 그러기에 한 곳에 오래 있었다고 해서 그곳에서의 생활모습이 필리핀 전체를 의미하는 것처럼 오해해서는 안 될 것 같았다. 제대로 알지도 못한 상태에서 필리핀에 대해 말할 수는 없었다.

며칠을 결심한 끝에 필리핀의 주요 도시를 돌기로 마음먹었다. 일로일로, 바콜로드, 수빅, 클락이 그곳이다. 일로일로를 첫 도시로 선택하고 길을 떠났다. 비행기를 타고 편하게 가지 않고 돈 없는 필리핀인이 이용하는

배를 타기로 했다. 그것도 3등칸을 골라 탔다. 필리핀에서 처음 여객선을 탄 나의 소감은 '배 타다가 죽을 수도 있겠구나' 하는 것이었다.

12시간이라는 배시간도 시간이었지만 간이침대로 되어 있는 3등칸은 피난민 수용소 같았다. 워낙 속도가 빨라서 그런지 침대 매트리스가 뒤집히고 침대에서 떨어질 정도로 바람이 불었다. 아이들은 캥거루 새끼마냥 엄마의 품을 파고들었고, 모든 이가 추위와 싸워야 했다. 나 또한 세찬 바람과 파도 탓에 배 멀미가 날 지경이었다.

그렇게 힘들게 배를 타고 가는데 한 필리핀 남자가 다가왔다. 그는 웬만한 영어는 할 줄 아는 사람이었다. 배멀미도 하고 불안해하는 내 모습을 보고 도와줘야 된다고 생각했는지 도움이 필요하면 언제든지 말하라고 했다. 그런데 친절한 그를 보며 나는 갑자기 두려웠다. 내 물건을 훔치려는 것은 아닐까 하는 생각이 들어서다. 세부를 떠날 때 빅터와 SC, 트리샤 선생님은 하나같이 배 안에는 좀도둑이 많으니 조심하라고 했던 터다. 내

색은 못하고 조금 경계하고 있는데, 파도가 잔잔해지자 그는 경치가 근사하다며 선상 위로 가보자고 했다.

내키지는 않았지만 거절하기는 미안해 그와 함께 선상 위로 올라갔다. 그의 말처럼 바다 위의 경치는 내가 상상한 것 이상으로 멋졌다. 하지만 경치를 마음껏 즐길 수가 없었다. 나의 눈길은 온통 짐이 있는 곳으로만 향했다.

'나한테 말을 시킨 다음에 일행이 짐을 훔쳐가지는 않겠지?'

그는 나와 친해지고 싶었는지 계속해서 말을 했다. 이름은 제리라 했고 세부에서 가드 일을 한다고 했다. 일로일로에는 어머니가 돌아가셔서 장례식에 가는 것이라고 했다. 눈물짓는 그의 모습에 유감을 표시했지만 혹시 연기를 하는 것이 아닌가 하는 의심이 들었다. 별 대꾸 없이 가만히 있자 머쓱했는지 그는 이제 내려가자며 이곳에는 좀도둑이 많으니 조심하라고 했다.

'이 친구가 왜 이렇게 나에게 신경을 쓰는 거지?'

나는 의심의 눈초리를 거둘 수가 없었다. 내려오기가 무섭게 얼른 짐이 있는 곳으로 와서 짐을 지켰다. 그런데 물갈이를 하는 것인지 배가 너무 아팠다. 화장실을 가야 했다. 노트북, 카메라, 외장하드 모든 것이 걱정되어 가방을 통째로 들고 화장실에 갈까 하고 망설였지만, 설마 잠시 사이에 무슨 일이 있겠나 싶어 뛰듯이 화장실을 갔다. 그렇게 급하게 볼일을 보고 짐이 있는 곳으로 오는데 제리가 내 짐 근처에 있었다.

'역시 내 짐을 노리고 접근했구나.'

하지만 확실한 물증 없이 잡을 수는 없었다. 그래서 그가 내 짐을 훔쳐갈 때를 노렸다. 그렇게 10분 정도 그를 지켜보고 있었다. 그는 내 짐을 훔치려는 것이 아니었다. 오히려 다른 필리핀 사람이 짐에 손을 댈까 봐 그 앞을 서성였던 것이다. 나는 필리핀인이라는 이유만으로 그의 친절을 의심했다. 미안했다. 그에게 다가가 사과하고 싶었다. 이런 내 마음을 모르는지 제리는 내가 온 것을 확인한 뒤 자신의 자리로 가버렸다. 아무래도 내가 그를 어떻게 생각하고 있었는지 느꼈던 것 같았다. 결국 나는 그에게 말을 걸지 못했다.

I LIKE KOREAN! I HATE KOREA!
space tips

PHILIPPINES

배 티켓 같은 경우는
대형쇼핑몰(SM몰, 아얄라몰) 같은 곳에서 살 수 있으며,
요금은 프로모션 기간에 사게 되면
항공료의 반값도 안 되는 금액에 살 수 있다.

• 예순다섯번째 이야기 •

매니 파퀴아오의 경기,
모든 일은 정지되었다.

비행기로는 한 시간이 채 되지 않는 거리였지만 배로는 12시간의 항해를 마치고서야 일로일로에 도착할 수 있었다. 두 번 다시 배를 타고 싶지 않았으나 바콜로드에서 마닐라로 가는 선박권을 끊어놓은 상태였다. 이번에는 12시간이 아닌 18시간의 항해다. 공포감이 엄습했다. 어쨌든 이는 좀 나중의 일이다. 일단은 일로일로를 즐기기로 했다.

일로일로 항구는 참 평화로웠다. 다바오처럼 잘 정돈되어 있었고 사람들도 분주히 오고갔다. 항구에서 지프니를 타고 가까운 모텔로 가달라고 했다. 언제부터인지 택시를 타는 것은 사치라 여겨져 지프니를 탄다. 5분쯤 갔을까? 일로일로 번화가에 도착한 듯했는데 무슨 사고가 일어났는지 앰뷸런스와 사람들이 몰려 있었다.

마라톤 경기가 열린 것이다. 마침 마라톤 선두그룹들이 골인지점을 들어오고 사람들은 마지막 순간을 카메라로 담았다. 마라톤화가 아닌 쪼리를 신고 시상대에 올라가는 선수를 보니 지역에서 주최하는 하나의 축제가 아닌가 싶었다. 필리핀에서 마라톤을 하는 모습은 처음 보았는데, 이전에 갔던 지역은 마라톤 대회를 개최할 만한 공간이 없기도 했다. 일로일로는 그만큼 평화롭고 널찍하고 정돈된 느낌을 주었다.

일단 모텔이라도 잡아야 하기 때문에 주변을 탐색했는데 일로일로는 다른 도시보다 물가가 싼 듯했다. 목이 말라 길거리 음식인 할로할로를 먹는데 고작 10페소밖에는 되지 않았다. 할로할로는 팥빙수와 비슷한 음료수로 다른 도시 같았으면 20페소 이상 줘야 먹을 수 있다.

그렇게 돌아다니면서 적당한 수준의 호텔을 잡고는 짐을 풀고 창문을 통해 지나가는 일로일로 시민들의 모습을 바라봤다. 다른 도시와는 다르게 여유롭고 평화롭게 느껴졌다. 거지도 별로 눈에 띄지 않았다.

경기를 관람하려고 TV 앞에 모인 사람들의 모습과는 달리 그 옆의 도로는 한산하기 짝이 없다.

12시간 동안 배를 타고 온 여독을 풀려면 좀 쉬어야 했다. 그렇게 휴식을 취하는데 갑자기 폭동이라는 일어난 듯 시끄러웠다. 알고 보니 매니 파퀴아오의 복싱경기를 응원하려고 TV 앞에 모인 사람들의 응원소리였다. 우리나라 사람들이 김연아에게 응원을 하는 것과 비슷한 맥락이다. 매니 파퀴아오의 복싱경기는 극장에서 상영을 할 정도인데 마침 오늘이 매니 파퀴아오의 경기가 있는 날이었나 보다.

매니 파퀴아오의 인기가 높은 줄은 알았지만, 이 정도까지인지는 몰랐다. 지프니조차 다니지 않았고 필리핀 사람 모두가 매니 파퀴아오 경기에만 관심이 있는 듯 보였다. 2002월드컵에서 "대~한민국"을 외치던 모습이 연상될 정도였다. 어느 정도 시간이 흘렀을까? 승부는 3대0 판정승. 매니 파퀴아오의 압도적인 승리였다. 남녀노소할 것 없이 환호성을 지르며 서로 껴안고 난리가 아니었다. 파퀴아오는 이미 한 명의 스포츠스타가 아니라 국민영웅이었던 것이다. 가난하게 태어나 복싱에 대한 열정으로 꿈을 이루어낸 영웅. 그러나 그 영웅도 2010년을 마지막으로 은퇴를 한다.

매니파퀴아오는 현재 월터급 챔피언으로
2000년대 최고의 복서로 뽑힌 필리핀에서의
영웅만이 아닌 세계적인 복싱영웅이다.

루인스 내의 경고판

• 예순여섯번째 이야기 •

위험! 올라가지 마세요

일로일로는 조용한 도시였다. 사람들은 친절했지만 별다른 특색은 발견하지 못했다. 그래서 예정된 일정보다 조금 앞당겨 다음 목적지인 바콜로드에 가기로 했다. 일로일로에서 바콜로드로 가려면 고속페리를 타야 한다. 2시간 남짓한 거리인데 그래서 그런지 바콜로드는 일로일로와 생활환경과 문화가 비슷했다.

하지만 같은 듯하면서도 다른 모습도 발견된다. 우선 일로일로와는 달리 SM몰 자체가 반듯하고 큰 규모의 건물이 많아 편하게 쇼핑을 즐길 수 있다는 것이다. 나는 도심지 근처의 호텔에 방을 잡고 호텔 내 필리핀인 가이드에게 바콜로드에서 가볼 만한 여행지를 물어봤다. 그는 바콜로드 추천 가이드 소책자를 건넸다. 그 책이 추천한 바콜로드 여행지 중 하나는 '루인스RUINS' 였다. 책에 나온 사진을 보면 확실히 멋있는 곳 같았다.

추천대로 일단 루인스라는 곳을 갔다. 기대감은 무너졌다. 사진발이 잘 받는 아름다운 곳이긴 했으나 40페소를 낼 정도의 구경거리는 없었다. 둘러보는 데 5분이면 시간이 남을 정도였다. 한 마디로 '사진을 찍기 위한 장소' 라는 생각밖에는 안 들었다.

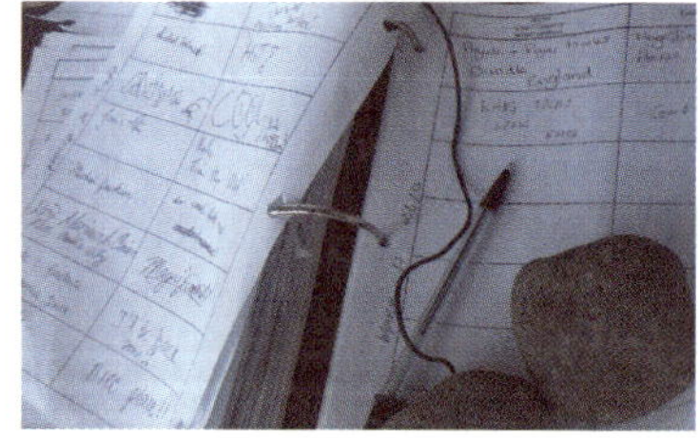

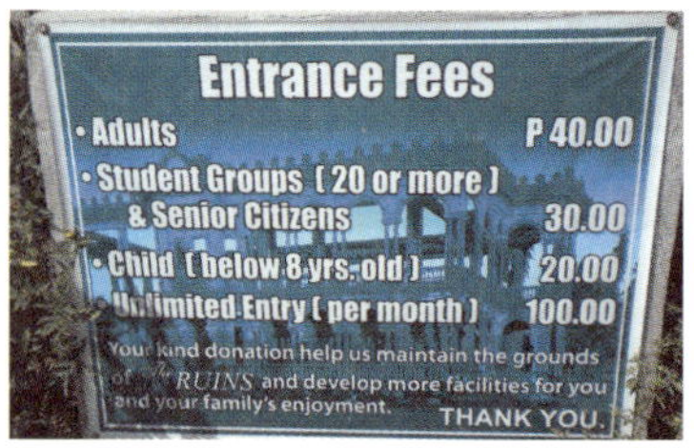

하지만 관광책자에 소개되어 있어서인지 여러 나라 관광객들이 눈에 띄었다. 나와 마찬가지로 그들 역시 실망한 듯했다. 어느 남녀 관광객은 남자는 빨리 가자고 재촉하고 여자는 그냥 가기 아쉬웠는지 이것저것 사진으로 담았다. 더 있어봐야 볼 것도 할 것도 없었지만 입장료가 아까워 나 또한 지나가는 사람에게 부탁에게 부탁하기도 하고 직접 찍기도 하며 사진을 남겼다. 방명록 노트가 있길래 거기에도 이름을 썼다.

그렇게 이곳저곳을 찍고 있는데 표지판이 눈에 들어왔다. "DANGER OFF LIMITS"라는 표지판이었는데, 그 문구 아래 한글이 함께 표기되어 있었다.

"위험! 올라가지 마세요."

일본어, 중국어, 또는 따갈로어가 같이 적혀 있었다면 관광객을 위한 배려려니 생각하겠는데 한글만 적혀 있는 것이 의아했다. 혹시 한국인만을 위한 특별 배려?
궁금한 것을 못 참는 성격인지라 관계자한테 물어봤다. 그의 말이 한국인들이 자꾸 규정을 무시하고 올라가 사진을 찍어서 저런 푯말을 만들었다는 것이다. 그래도 저 글을 무시하며 올라가는 관광객이 많다며 어떻게 해야 할지 모르겠다고 했다.
필리핀 내 유적지에서 부끄러운 치부를 들킨 것 같아서 안타까웠다.

QUERUBIN
HUKBONG QUERUBIN 2016
www.arielquerubinforsenator.com
IBOTO!! - SHADE LANG PO SA BALOTA
47. QUERUBIN
SA BALOTA
Gabriela
WOMEN'S PARTY
Gabriela
WOMEN'S PARTY
Gabriela
WOMEN'S PARTY
Babae, Bata, OFW at Bayan
TULOY ANG LABAN!
Babae, Bata, OFW at Bayan
TULOY ANG LABAN!
Babae, Bata, OFW at Bayan
TULOY ANG LABAN!
Sa Party-List, IBOTO:

SA SENADO
QUERUBIN
2013
www.arielquerubinforsenator.com
ISOTONG SHADE LANG PO SA BALOTA
47. QUERUBIN
SA BALOTA

오빠라고 불러야지

일로일로와 마찬가지로 바콜로드 역시 우리나라 언론에서 문제시되는 필
리핀 내의 사건하고는 거리가 먼 도시였다. 필리핀 사람들 대부분이 한국
인에게 적대감보다는 호의를 가지고 있었다. 눈살을 찌푸리게 하는 한국
인의 행동들이 몇몇 있었지만 기존에 알고 있던 지역에 비하면 작은 소동
에 불과했다.

계획했던 것보다 이르게 수빅과 클락을 가기로 했다. 팔라완으로 가는 비행기 안에서 우연히 만나 이야기를 나누었던 그 사람은 한국인의 문제점을 알고 싶으면 수빅과 클락을 가라고 했다. 일단 수빅부터 방문할 생각이었다.

수빅을 가려면 마닐라로 먼저 가야 한다. 교통수단은 배밖에 없다. 그것도 18시간을 타야 한다. 12시간도 버티기 힘든데 18시간이라니……. 끔찍할 것이라 각오했지만 12시간을 탈 때보다 오히려 안전하다는 느낌을 받았다. 필리핀의 수도 마닐라로 가는 배라서 혹시나 모를 범죄를 대비하려는 조치들이 있었다. 가드들도 많았고 마약견 또한 수시로 순찰을 했다. 장장 18시간 배를 타고 어렵사리 도착한 마닐라공항에서 수빅까지 가기 위해 버스를 탔다. 3시간이 조금 넘게 달렸다. 그렇게 도착한 수빅. 지금껏 다녔던 도시와는 조금 다른 모습을 볼 수 있었다. 군데군데 경찰이 있었던 것이다. 다른 도시였다면 가드는 많이 볼지언정 경찰관을 보는 것은 쉽지 않다. 그런데 이곳은 호루라기를 불며 분주하게 움직이는 경찰관이 많았다. 질서유지와 치안만큼은 잘 되는 곳이라는 인상을 받았다.

수빅의 중심가인 울릉가포에서 며칠 묵을 모텔 방을 잡았다. 숙박료가 상당히 비쌌다. 에어컨도 없는 방인데 1,000페소, 우리나라 돈으로 3만 원 가까운 돈이다. 방을 잡고는 18시간의 항해와 3시간 동안 버스를 타고 온 여독을 풀기 위해 마사지숍으로 향했다. 한국인이 운영하는 곳이었다. 여기에서 나는 한국인의 꼴불견을 봤다.

60대 정도 되는 한국인 남자가 20대 초반쯤으로 보이는 필리핀 여자의 허리를 휘감고 들어가는 것이다. 이 자체만도 꼴불견인데 필리핀 여자가 그 나이든 한국인 남자를 아저씨라 부르며 따르자 여자의 엉덩이를 찰싹 때리더니 "오빠라고 그래야지"라고 하는 것이었다.

60대 되는 남자가 손녀뻘 되는 여자를 성노리개로 여기는 그 이상도 그 이하도 아니었다. 그때 그 필리핀 여자는 어떤 감정이었을까? 웃음으로 포장되어 있는 그 내면에 한국인에 대한 혐오감이 자라고 있을지 모를 일이었다. 그 장면을 보고 내가 수빅에 오긴 왔구나 하는 생각이 들었다.

• 예순여덟번째 이야기 •

수빅베이처럼 나뉜
한국인과 필리핀인

수빅은 수빅베이라는 다리를 사이로 잘 사는 곳과 못 사는 곳으로 나뉜다. 수빅베이는 필리핀인이라고 해서 아무나 들어갈 수 있는 곳이 아니다. 수빅베이 안쪽은 미국의 한적한 전원마을이 생각날 만큼 평화롭고 아름다운 곳이다. 간혹 지나가는 필리핀 사람들도 점잖게 차려입은 신사, 우아한 부인과 손잡고 가는 아이들의 모습으로 매우 행복해 보였다.

수빅에 도착한 첫날, 필리핀들이 주로 거주하는 곳이라고 해서 아무 생각 없이 구한 모텔 방은 그리 썩 좋은 조건이 아니었다. 수빅베이 안쪽으로 들어가면 같은 가격으로 호텔급 수준의 서비스를 받을 수 있는 숙소가 있었다. 그래서 다시 숙소를 잡고 나는 수빅베이를 중심으로 하여 사진을 찍었다. 마치 휴전선을 사이에 두고 북한과 남한이 있는 것처럼 수빅베이 안쪽과 바깥쪽 사이를 두고 너무나 극명하게 생활모습이 갈렸다.

이 다리를 사이로 수빅베이가 둘로 나뉜다. 입구에 경찰이 신분증을 검사한다

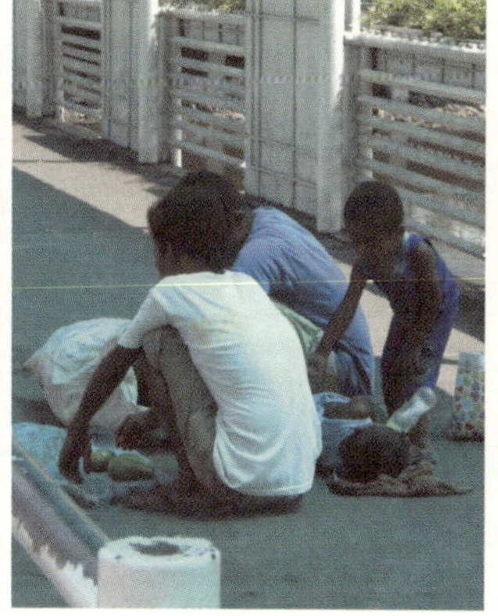

수빅베이 바깥쪽 : 필리핀인들의 거주지역

수빅은 미군의 해군기지로 이용되던 곳이었다. 그런 양식이 고스란히 담겨 있는 곳이 수빅베이 안쪽이고 그 바깥쪽은 기지촌 같은 윤락업소들이 즐비하게 늘어서 있다. 이와 비슷하게 한국인과 필리핀인이 사는 곳도 구별되는데, 수빅베이 안쪽으로 한국인이 한인 타운을 형성하고 필리핀인은 그 바깥쪽에 거주했다.

수빅베이 안쪽에 사는 한국인은 필리핀인을 극도로 싫어하는데, 그 이유가 필리핀인이 한국인을 봉으로 알기 때문이라고 한다. 필리핀은 무단횡단이 만연되어 있는데, 유독 한국인만 무단횡단으로 잡힌다. 경찰관에게 몇 푼 쥐어주면 풀려나는 형편이니 경찰마저도 한국인의 돈을 노린다고밖에 할 수 없다.

마찬가지로 수빅베이 바깥에 사는 필리핀 사람들 역시 한국인을 극도로 싫어한다. 내게도 H중공업에 다니냐며 심하게 적대감을 보였다. 다른 지역에서 봐왔던 필리핀인의 친절함은 찾아볼 수가 없었다. 이런 현상의 가장 큰 원인은 H중공업에 있는 듯했다. 그곳을 가야 할 것 같았다.

H중공업은 걸어갈 수 있는 거리가 아니었기 때문에 트라이시클이든, 택시든 타야 한다. 택시는 비싸니 트라이시클을 타고 가려고 요금을 물어봤다. 500페소. 우리나라 돈으로 15,000원에 해당하는 금액이다. 필리핀에서 트라이시클 요금이 이렇다는 건 말도 안 된다. 어처구니가 없어 그럴 바엔 차라리 택시를 타고 가는게 낫겠다 싶어 택시를 잡았다. 1,000페소를 달란다. 한국인을 봉으로 여기지 않으면 있을 수 없는 가격이었다.

수빅베이 안쪽 : 수빅베이 바깥쪽과는 완전히 다른 부촌의 모습. 일반 필리핀인은 들어갈 수 없다. 이 안에는 지프니가 다닐 수 없다.

이 광경을 지켜본 한 트라이시클 운전사가 300페소에 가자며 더는 깎아 주지 못한다고 했다. 아마 트라이시클 운전사끼리 담합을 하는 모양이다. 더 깍을 수도 없을 것 같아 300페소에 트라이시클을 타고 H중공업에 갔다. H중공업은 내가 생각했던 곳보다 멀고 외졌다. 오늘 봉을 잡았다고 생각하는 트라이시클 운전사는 아무래도 나를 H중공업 직원으로 오해하는 듯했다. 그에게 H중공업을 어떻게 생각하느냐고 물어봤다. 그는 조금 당황해했다. 어떤 대답을 해야 내 마음에 들지 생각하는 듯 보였다.

나는 이곳 H중공업에 대한 기사를 쓰기 위해 방문한 기자라 말하며 솔직한 의견을 구했다. 봇물 터지듯 H중공업에 대한 험담이 쏟아졌다. H중공업은 자기 사촌을 죽음으로 몰고 간 곳이라고 했다. 무슨 이유인지는 모르겠으나 H중공업에서 많은 필리핀인이 죽어나가서 인심이 많이 안 좋다고. 또 수빅베이 바깥에 형성된 윤락업소는 H중공업 업체 사람들이 아니면 장사가 안 될 정도라며, 그래서 코피노 역시 많다고 했다.
그의 말에 따르면 이곳에 사는 필리핀 사람들은 한국인이라면 증오하는 수준이라고 한다. 그렇게 싫어하면서 왜 H중공업에 다니냐고 물었다. 그의 대답은 간단명료했다.

"먹고 살려니까 할 수 없이 다니는 거죠."

어느덧 H중공업에 도착했다. 여러 명의 가드와 여러 대의 고급차가 세워진 이곳은 철옹성처럼 보였다. 정문을 향해 가면서 어떤 식으로 인터뷰를 할지 고민했다. 그러나 나는 경비원에 막혀 들어가지도 못했다. 미리 허가를 받아야만 들어갈 수 있다는 것이다. 그렇게 나는 H중공업에 들어가 보지도 못하고 집으로 돌아왔다. 아직도 출발하지 않고 있던 트라이시클 운전사는 나의 축 처신 보습을 보면서 아는 사람이 없는 한 못 들어간다고 했다. 그러면서 위로라고 하는 말이 요즘에는 H중공업에서 문제가 많이 사라졌으니 H중공업에 대한 인식도 좋아질 것이라고 했다.

사실 필리핀에 있는 H중공업의 문제는 방송에서 다룰 만큼 심각했다. 문제가 터진 이후 용역업체나 파견온 직원에게 자체적으로 필리핀인을 대하는 태도를 교육시킨 모양인데 그것이 어느 정도 성과를 내는 모양이다. 하지만 이미 뒤틀릴 대로 뒤틀린 필리핀인의 한국인에 대한 적대감이 사라지려면 오랜 시간이 필요할 듯싶다.

필리핀 이민 저는 반대예요

필리핀 내에서 가장 유명한 한인마트가 있다. 필리핀 전역에 프렌차이즈로 가맹점이 있는데 '아씨마트'가 그 주인공이다. 이곳에는 웬만한 한국 음식이 다 있다. 가격도 한국에 비해 그다지 비싸지 않아 한국인이 많이 찾는다. 수빅 내에도 아씨마트가 있길래 이곳에 들렀다. 이곳에 있는 한국인에 대해 알려면 한국인이 많이 찾는 곳을 가야 된다는 생각이 들었기 때문이다.

아씨마트에 일하는 아주머니에게 물었다.

"어떻게 이곳에 오게 되셨어요?"

아주머니는 5년 전에 이민을 왔는데 지금은 너무 후회한다고 했다. 좀 더 자세한 이야기를 들을 수 있겠냐고 물었다. 결론은 이랬다. 필리핀은 물가가 싸서 한국에서 중산층 정도 사는 사람은 평생 황제처럼 편안한 삶을 누릴 수 있다는 한 신문의 필리핀 이민 광고를 보고 아무런 조사 없이 왔는데, 이곳에 와서 사기를 당하고 지금도 소송 중에 있다고 했다.

이 아주머니가 특별한 케이스라면 문제가 되지 않는다. 하지만 필리핀내에는 이러한 경우가 굉장히 많았다. 필리핀이라고 대개 사람들이 값싼 물가에 가정부를 두고도 모든 것을 여유롭게 살 수 있다고 생각한다. 또 각종 매체가 이렇게 광고를 한다. 이런 이야기에 현혹되어 오는 이민자들은 대부분 후회하고 있었다. 생각보다 그런 생활을 누리지도 못하고 도시생활만 하던 사람들은 현대화되어 있지 않는 불편함은 생각했던 것보다 크다. 이런 문제는 필리핀이라는 곳을 제대로 알아보지 않고 온 사람들의 잘못도 크지만, 보다 큰 잘못은 황제이민 운운하며 현혹하는 언론에 있다.

이렇게 필리핀에 온 이민자들은 필리핀의 여유로움을 느끼기는커녕 한국과 별반 다름없는 생활을 하게 된다. 물가가 조금 싸기는 하지만 한국인은 무조건 돈이 많다는 생각에 필리핀인에게 파는 가격, 한국인에게 파는 가격이 각각 다르다. 의료시설 문제는 더욱 심각하다. 팔이 부러져 갔는데 흥정을 한다. 한국인 환자는 일단 돈으로 보는 것이다. 그러면서도 이들은 다시 한국으로 돌아가지 못하고 있다. 모든 것을 정리하고 필리핀에 왔기 때문에 한국에 돌아간들 생활기반이 없는 것이 문제였다.

필리핀으로 온 한국인 이민자와 필리핀 사이의 간극은 점점 심해지고 있다. 이와 비례하여 필리핀인의 친절함도 사라지고 있다. 만약 지금 필리핀 이민을 생각하고 있다면 무엇 때문에 이민을 가야 되는지 원점에서 다시 생각했으면 좋겠다.

한국인들 이제는
안 왔으면 좋겠어요

수빅은 곪아도 너무 곪았다. 한국인만의 잘못도 아니고 필리핀인만의 잘
못도 아니다. 서로 다른 문화를 가진 사람들이 문화적 차이를 극복하지
못하고 남 탓만 해서 생긴 현상이다. 나 역시 수빅에서 만났던 필리핀인
들이 필리핀 전역에 살고 있는 사람들의 보편적 특성이라면 필리핀이 싫
어질 것 같았다. 어쨌든 수빅에 더 있기 싫어 예정된 일정보다 빨리 클락
으로 갔다. 그러나 필리핀 앙길레스 시티인 클락 역시 수빅하고 상황이
비슷했다.

최근 필리핀 관련 뉴스를 주의 깊게 살피면 클락이 사건사고가 빈번한 지역임을 알 수 있다. 이곳이 도착해서 보니 왜 이곳이 사고다발지역인지 알 것 같았다. 수빅이 미 해군이 주둔한 곳이라면 클락은 미 공군이 주둔한 곳이었다. 그러다보니 수빅처럼 윤락가가 형성되어 있었다. 특히 '체크포인트' 라는 곳으로 알려진, 필리핀 내에서도 가장 유명한 유흥지역이 있다. 이곳은 낮에는 주로 백인남성들이 활보하지만 밤이 되면 "오빠!"라는 소리가 이곳저곳에서 들린다. 나이 어린 필리핀 여성들이 한국인 남자들을 유혹하는 것이다. 그러니 사고가 안 일어날 수가 없다.

체크포인트의 사진을 담아 이곳에 실상을 알리고 싶었다. 하지만 그곳에서 일하는 윤락여성들이 경계의 눈초리로 막아섰다. 그러한 사진이 세상에 알려지면 이곳에서 쫓겨나 생계마저 어려워진다며 사진 찍는 것을 극구 말렸다. 그런 와중에서 한 어린 한국 아이가 윤락업소로 들어가는 것을 보았다. 분명 한국 아이로 보였다.

잠시 후 그 윤락업소에서 한 필리핀 여성이 그 아이를 업고 나왔다. 정확히 말하면 그 아이는 한국인이 아니라 한국인 아빠와 필리핀 엄마 사이에서 태어난 코피노다. 이런 모습은 이곳에서는 특별한 일이 아니다. 윤락업소에서 일하는 절반 정도의 필리핀 여성이 코피노를 낳았다. 아이의 아버지인 한국인 남자는 대부분 연락두절 상태라 아이가 아빠를 찾으면 어쩔 수 없이 '죽었다'고 할 수밖에 없다.

한국인 아빠들이 연락이 두절되었다 하더라도 필리핀 여성들이 아이를 낳은 후에 윤락행위를 계속하는 것은 일정 부분 아이를 방치하는 것 아니냐는 의견이 있는데, 이는 현실을 모르고 하는 소리다. 필리핀에서는 미혼모에 대한 인식이 아주 좋지 않다. 게다가 웬만한 일을 해서는 아이를 보육할 돈을 마련하기 어렵다. 세부의 최저임금은 하루 269페소인데, 윤락업을 하게 되면 팁을 포함해 15,000~20,000페소를 벌 수 있으니 아이를 키우는 엄마 입장에서는 그렇게 할 수밖에 없다. 입장을 바꿔 한국에서 이런 일이 벌어진다 해도 이는 크게 다르지 않을 것이다. 해결책은 이런 불행한 일이 생기지 않도록 필리핀을 방문하는 한국 남자들이 조심하는 것뿐이라는 생각이 들었다.

체크포인트를 지나 조금만 걸어가면 코리아타운이다. 이곳에서 벌어지는 문제의 심각성이 어느 정도인지 알고 싶어 그곳에 있는 중부루손 한인회에 들어갔다. 그곳에서는 사건사고위원회 부서가 따로 운영이 되고 있었다. 거기서 만난 직원은 이렇게 말했다.

"한국인 이곳에 안 왔으면 좋겠습니다."

한국인이 많아지면서 문제를 일으키자 필리핀 특유의 친절함이 사라지고 이제는 한국인을 이용하거나 증오하는 필리핀인이 많아졌기 때문이라고 한다. 심지어 살인사건까지 일어나는 정도이니 한국인의 각성이 필요한 시점이다.

NO
LOADING
AND
UNLOADING
ANYTIME
WESTERN
UNION
MONEY TRANSFER
DOMINION
PAWNSHOP
HOW'S MY DRIVING?
AIRCON

• 일흔한번째 이야기 •

마지막 파티,
한국노래와 댄스를 부르는 아이들

다시 세부로 돌아왔다. 트리샤와 SC, 빅터, 일레이자까지 나를 배웅 나왔다. 그들은 내가 어디어디를 다녔고 어떤 경험을 했는지 궁금해했다. 필리핀인이지만 여행을 여기저기 갈 수 있는 형편이 아니었기에 다른 지역은 어떤지 궁금해하는 건 당연했다. 나는 그동안 찍었던 사진들을 보여주면서 보고 듣고 느꼈던 것들을 이야기해줬다. 그리고 한국인이 많이 잘못하는 것 같아 미안하다고 했다. 나의 필리핀 친구들은 그런 내 마음을 이해하고 다독여줬다. 그래도 못내 미안하고 부끄러웠다.

그래도 세부로 돌아오니 너무 좋았다. '집 나가면 개고생' 이라는 광고카피가 생각날 만큼 이제는 세부의 SC집이 내 집처럼 편안했다. 하지만 이제 필리핀을 떠나 한국으로 돌아가야 했다. 남은 시간은 보름 남짓. 다행히 떠나기 전에 필리핀에서 크리스마스와, 새해 다음으로 큰 행사인 부활절을 보내고 갈 수 있어 얼마나 기쁜지 몰랐다. 특히 이번 부활절에는 사팍에서 어린이를 위한 파티를 계획하고 있다고 했다.

하루하루 시간이 흘러 부활절이 되고 사팍으로 갔다. 그전보다 아이들 수가 많이 줄어 있었다. 이유인즉 운영할 자금이 부족해 사팍에서 1년 내내 아이들을 수용할 수 없어 방학이 되면 아이들을 자신이 살고 있는 지역으로 보낸다는 것이다. 예전에는 일본과 캐나다 같은 나라에서 지원을 해줬지만 요즘에는 지원이 줄어 운영에 차질이 있는 것이었다. 200명에 가까웠던 아이들이 100명도 채 안 남은 듯 보였다. 그래도 아이들은 나를 반겨줬다.

이곳의 아이들은 1년에 세 번, 즉 크리스마스, 신년, 부활절이 가장 행복한 듯했다. 조촐하나마 아이들을 위한 파티가 열리고 평소 먹을 수 없던 맛있는 음식도 먹을 수 있는 날이기 때문이다. 부활절인 오늘 아이들은 신부님을 비롯한 트리샤 가족이 마련한 졸리비 햄버거 세트를 먹으며 한없이 즐거워했다. 오늘만큼은 영락없는 천진난만한 어린아이였다.

사팍에서 마지막으로 함께했던 친구들

이밖에 부활절 계란을 건물 구석구석에 숨겨놓는 게임, 의자에 빨리 앉기
게임, 가위바위보 게임 등을 하며 하루를 즐겁게 보냈다. 마지막으로 원더
걸스의 '노바디', 2NE1의 'I DONT CARE'에 맞춰 모두가 춤을 췄다. 언
제 그런 노래를 배웠는지 제법 춤은 흥겨웠고 그렇게 부활절은 지나갔다.
이제 작별 인사를 나눠야 할 시간이었다. 나는 아이들을 꼭 껴안으며 약
속했다.

"다음에 올 때는 너희들이 좋아하는 선물을 꼭 가져올게."
"안녕! 강태호."

한국말로 버벅이며 인사하는 아이들이 고맙고 또 고마웠다. 언제 또 볼지
기약할 수 없기에 마지막으로 그들과 단체 사진을 찍었다. 언제 어디서든
그 아이들이 건강하고 행복했으면 간절히 기도했다.

필리핀 내 가장 큰 인기를 끄는 패스트푸드점은
KFC도 맥도날드도 아닌 졸리비다.

• 일흔두번째 이야기 •

Don't forget me! Araso!

이제 정말 마지막이었다. 필리핀에서 겪었던 일들을 오래된 필름을 되돌려 보듯 반추해 보니 한참 전의 일인 양 감회가 새로웠다. 떠나기 전날 필리핀 친구들과 이별 파티를 했다. 빅터, SC, 트리샤, 일레이자, 그리고 트리샤 집 근처에 머물고 있는 아이들……. 나는 맛탕과 불고기를 준비했고 그들은 특별한 일이 아니면 못 먹는다는 레촌을 비롯해 그들이 할 수 있는 필리핀 음식들을 준비했다.

언제든 올 수 있을 것이라 약속했지만 과연 그럴 수 있을까? 돌아가자마자 취업을 준비해야 하고 성공을 위해 하루하루 바쁘게 살아야 할지 모른다. 필리핀 친구들은 한국에서의 나의 성공을 기원해주었다. 그리고 자기들이 한국에 가면 내가 추천한 굴보쌈과 순대볶음을 먹으러 가자고 했다. 정말 그들이 한국으로 왔으면 좋겠다.

왼쪽부터 트리샤, 빅터, SC, 신부님　　　　　왼쪽부터 트리샤, 빅터, MM, SC

아침 일찍 공항으로 가야 하기 때문에 잠자리에 일찍 들었다. 모든 것이 눈에 밟혀 잠을 이룰 수가 없었다. 시도 때도 없이 울어대던 닭 또한 그리워질 것이다. 그렇게 나는 날밤을 새듯이 필리핀에서의 마지막 밤을 보냈다.

고맙게도 그 다음날, 트리샤와 빅터, SC, 신부님까지 세부막탄 국제공항으로 배웅을 나왔다. 그들은 그들의 하루 임금에 해당하는 티셔츠와 여러 기념품을 내 손에 쥐어줬다. 트리샤는 집에 가서 보라면서 두 번 접힌 도화지를 내밀었다.

파이팅을 하고 포옹을 나눈 후 나는 비행기를 타기 위해 뒤돌아섰다. 그리고 비행기를 탈 때까지 뒤돌아보지 않았다. 그들에게 나의 약해진 모습을 보이고 싶지 않았던 것이다. 인천공항으로 가는 비행기 안에서 나는 트리샤가 준 도화지를 펼쳐 보았다.

"안녕하세요, DAVID. I just want to tell you that take care always and don't forget me! Araso!⌒⌒ your friend 트리샤/신지 ㅋㅋㅋ"

나는 큰 소리로 웃었다.

한국 친구들에게
필리핀의 현실을 말할 수 없었다

한국에 돌아오기 전, 나는 가족과 친구들을 위해 선물을 샀다. 필리핀을 다녀오는 사람들은 일반적으로 망고 말린 것을 선물하는데, 나는 한 번 먹고 끝나는 것은 선물로 그리 좋다고 생각하지 않았기에 특유의 화려한 색으로 알록달록한 필리핀 옷들을 샀다. 내가 필리핀에서 평상복으로 즐겨 입던 스타일인데 여름에 입으면 그만이다. 그러한 옷들을 과적에 따른 벌금을 물을 정도로 많이 사왔다. 필리핀 옷을 보고 좋아할 부모님과 친구들을 상상하니 절로 웃음이 나왔다.

집에 도착한 나는 캐리어의 짐을 정리했는데, 어머니가 옆에서 도우시면서 이렇게 말했다.

"태호야, 필리핀에서 버릴 옷들은 버리고 왔어야지. 쓰레기를 왜 들고 왔어?"

"이거 선물로 줄 거야. 친구들한테."

어머니는 주지 말라고 말했다. 이런 옷을 누가 입겠냐며 안 주는 것보다 못하다고 했다. 하지만 나는 그렇게 생각하지 않았기에 친구들에게 한 벌씩 돌렸다. 필리핀 옷은 충분히 입을 만하고 한 여름 입기에 제격이다. 그런데 친구들이 하나같이 버리는 옷을 선물이라고 가져왔냐는 반응이었다. 친구들에게도 필리핀 옷들이 거지나 입는 옷으로 인식되었던 것이다.

기분이 상했지만 애써 모른 척 하고 술을 마시러 갔다. 친구들은 필리핀에 대해서 물었다. 나는 필리핀에서 한국인들이 저지르는 추태에 대해 말하고 싶었지만 친구들의 관심은 오로지 영어가 얼마나 늘었느냐였다. 호주워킹홀리데이 때와는 다르게 어느 정도 자신감이 있던 나는 곧 영어로 대화하며 실력을 보여줬다. 그러자 모두들 놀라워하면서 필리핀 어학연수에 가려면 어느 정도 예산이 필요하냐, 얼마만큼 가는 것이 좋으냐, 어디로 가는 것이 좋으냐 하며 질문공세를 펼쳤다. 다른 화제로 넘기고 싶었지만 그렇게 되지 않았다.

내가 6개월이나 필리핀에 가 있는 동안 내 친구들은 한 번도 안 만났다고 한다. 그만큼 서로가 시간 내기가 어려웠던 것이다. 이처럼 우리는 특별한 날이 아니면 만나서 술 한 잔하기조차 어려운 각박한 세상에 살고 있다. 경쟁사회에서 살아가려면 일도 열심히, 자기계발도 열심히 해야 하기 때문이다. 그러니 나의 필리핀 경험담이 그들에게는 그리 중요한 것이 아닐 수 있다.

아직도 한국인에게 필리핀은 취업을 위해서 또는 어학연수를 위해서 들르는 곳에 불과하다. 미국이나 캐나다 같은 선진국에 어학연수를 가는 경우 그 나라 문화까지 배운다고 생각하지만 필리핀에 가는 경우 모든 초점이 영어로 모인다. 오로지 영어정복만을 위하여 필리핀에 갔으니 그런 추태를 부리는 것은 아닌지, 쓴 웃음이 나왔다.

• 일흔네번째 이야기 •

등급으로 나뉘는 사회,
필리핀인이 눈에 보일까?

내가 필리핀에 있는 사이 한국에서는 많은 일이 벌어진 것 같았다. 그 중 가장 화가 나는 사건이 남자 키 180 센티미터 미만은 루저라고 말한 '루저녀 사건'과 어머니 또래의 청소아주머니한테 심한 욕설을 한 '경희대 패륜녀' 사건이었다.

남자 키 180센티미터 미만은 루저라고 말했던 여대생은 사실 대부분 여자들이 가지고 있는 생각이 아닌가 싶다. 방송에서 그 발언을 했기 때문에 문제가 된 것이지 여자들이 키 작은 남자를 선호하지 않는 것은 사실이다. 물론 남자들 또한 얼굴 예쁘고 몸매 좋은 여자를 좋아하므로 이를 탓할 수는 없다. 한 결혼전문회사에서 조사한 바에 따르면 배우자의 조건을 설문조사한 결과 남성의 경우 키 175~180센티미터에 연봉 4,000~5000만 원, 여성은 165~170센티미터에 연봉 2,000~3000만 원이라고 한다. 현실이 이러하니 철없는 여대생의 망언을 크게 나무랄 수도 없다.

경희대 패륜녀 사건은 경희대에 다니는 한 여학생이 어머니 또래의 청소부 아주머니에게 욕설을 퍼부은 사건이다. 동방예의지국이라는 나라에서 작금의 현실은 이와 정반대로 가는가 보다. 학생들은 욕을 달고 살고 있으며 방송에서는 웬만한 독설이 아니면 귀에 들리지 않을 만큼 서로 헐뜯고 있다. 필리핀에 있을 때 담배꽁초를 아무나 버리는 학생에게 왜 재떨이에 버리지 않느냐고 했더니 '필리핀 청소부가 버리겠죠' 라고 대꾸해서 참 개념 없는 학생이구나 생각했는데, 그 학생만 그런 것이 아니었다. 그것이 대한민국 일반적인 젊은이의 모습이었던 것이다.

지금 우리가 살고 있는 이곳 대한민국은, 시간이 갈수록 사람을 외모나 경

제력으로 판단한다. 이런 인식 속에서 살던 사람들이 필리핀에 가니 문제
가 생기는 것이다. 남자 키가 180센티미터 미만이면 루저라고 하는 형편
이니, 160센티미터가 채 되지 않는 필리핀 사람들에게 우월감을 가지고
이들을 무시하는 것이다. 우리나라에서도 나이 많은 청소아주머니에게 욕
설을 퍼붓는 학생이니 필리핀에 가서 어떻게 행동할지는 짐작이 간다.

나는 이제 싸우려고 한다. 세계는 하나의 마을, '지구촌' 이라며 전 세계
를 무대로 세계인으로 살라는 지금, 과연 '세계인' 이란 무엇인지 처음부
터 생각해봤으면 좋겠다. 또 세계인이 지켜야 할 행동원칙은 무엇일지
깊이 헤아려 봤으면 좋겠다. 문화가 다른 나라에 살던 사람들이 서로 이
웃처럼 살려면, 상대방을 위한 배려가 필요하다. 상대방의 문화를 이해
하고 그들의 행동을 바라보는 것. 나는 전 세계를 무대로 꿈을 펼치려면
영어실력보다 이것이 먼저라고 생각한다. 그래서 나는 내가 만나는 모든
이들에게, 나에게 주어진 모든 기회를 통해 필리핀에서 벌어지는 한국인
의 부끄러움을 알리고 이를 바로잡기 위해 노력할 것이다. 지금도 수없이
많은 코피노들이 아버지가 죽었다고 생각하고 자란다. 일말의 도덕적 양
심이 있다면, 아무리 필리핀 여성과 낳은 아이라 하더라도 자신의 아이가
그렇게 자라도록 해서는 안 된다. 그들은 루저녀, 경희대 패륜녀와는 비
교조차 되지 않을 정도로 나쁘다. 대한민국을 벗어나 어긋난 자유를 즐기
는 그들이 자신의 행동에 책임감을 가졌으면 좋겠다.

아버지 없이 자라는 그 아이들은 얼마나 한국이라는 나라를 원망하면서
살겠는가?

• 일흔다섯번째 이야기 •

주말을 바라보는 사람,
하루하루 심장이 뛰는 사람

한국에 오면서 정말 많은 생각이 들었다. 1년 동안 워킹홀리데이로 호주를 다녀온 후에도 좋은 곳에 취직을 해야 한다는 조바심은 없었다. 오직 '나는 무엇 때문에 사는가' 하는 질문이 내 머리를 아프게 했다. 필리핀을 다녀온 지금, 토익시험을 본다면 상위 몇 퍼센트에 들 만큼 자신이 있다. 이를 기반으로 대기업에 취직을 하거나 근무조건이 좋은 곳에서 일을 할 수도 있을 것이다. 하지만 내가 하고 싶은 일은 그것이 아니다.

나는 필리핀을 다녀오면서 내가 하고 싶은 일, 나에게 맞는 일을 찾는 게 얼마나 중요한지 뼈저리게 느꼈다. 어릴 때부터 사소한 것에 행복을 느끼며 사는 삶을 동경했고 대학 시절에는 봉사활동을 하면서 이웃들의 작은 목소리를 들어주던 나는 어느덧 조바심을 내면서 돈이 중심이 되어버린 삶을 살고 있었고, 더 큰 문제는 내가 무엇을 추구하는지도 모르고 살았다는 것이다. 그러나 이번 필리핀에서의 6개월은 나에게 삶의 방향을 제시해줬고 어떻게 사는 것이 행복한 삶인지 느끼게 해주었다.

필리핀에 가지 않았다면, 20평에서 30평, 30평에서 40평 집으로 이사 가기 위해 평생을 살았을 것이다. 큰 집에 살기 위해 사는 인생, 자식의 공부나 성공에 목숨 걸고 뒷바라지 하는 인생……. 이렇게 산다면 돈 버는 기계로 전락할 것이 뻔했다.

전기도 안 나오는 곳에서 행복을 잃지 않고 살아가는 필리핀 사람들, 어린 자식의 손을 잡고 해변을 거닐던 호주 사람들. 그들이 나에게 삶의 지표를 정해줬다. 이제부터 나의 삶은 도전이다. 어디를 가든 나는 대한민국을 대표하는 사람, 민간외교관으로서 후회하지 않게 살 것이다 누군가가 나에게 왜 한 곳에 정착하지 않고 사느냐고 묻는다면 이렇게 답하겠다.
나는 내 가슴이 뛰는 삶을 살고 있다고…….

필리핀에 대한
또 다른 시선

필리핀은 두리안과 같다

두리안을 먹어본 적이 있는가? 과일의 왕자라고 불리지만 두리안이 가진 지독한 향 때문에 우리는 두리안을 손에 넣기조차 두려워한다. 영어를 공부하는 학생들에게 필리핀이라는 나라는 두리안과 같다. 그만큼 달콤함과 지독함이 공존하는 곳이다.

필리핀은 스페인의 식민지 이후 미국의 식민지가 된 것을 계기로 영어를 사용하는 국가가 되었다. 보통 유학원에서는 영어 회화에 두려움이 있거나 기초 실력이 없는 학생에게 필리핀을 추천해준다. 솔직히 아직까지 아시안계를 무시하는 다른 서양 국가에서 콩글리시와 자신감이 결핍된 영어 실력은 그들의 무시를 당하기 쉽다. 그로 인해 영어를 배우겠다는 학생들의 열정을 무너뜨리기도 쉽고 자신감을 상실할 수도 있다.

이런 저런 것들을 생각해보면 필리핀에서의 어학연수가 나쁘지 않다. 경제적인 부분은 줄여주면서 우리가 캐나다, 미국 등의 국가로 연수를 갔을 때엔 절대 누릴 수 없는 것들을 누릴 수도 있다. 필리핀 어학원 캠퍼스는 시설 면에서 우수한 편이어서 내가 마치 수영장이 딸린 그런 집을 가진 그런 사람이 된 것만 같은 착각에 빠지게 하기도 한다. 하지만 이러한 것들이 자칫 정신을 차리지 않는 사이 연수와 휴양을 헷갈리게 할 수도 있다. 우리가 필리핀에 가고자 한 이유가 무엇이었나. 바로 영어였다. 내가 공부를 하던 어학원도 어느 필리핀의 어학원과 다름없이 수영장과 농구장 그리고 세탁서비스까지, 마치 나를 대단한 사람인 된 것처럼 생각하게 만들어 주기도 했다. 보통 남학생들과 달리 여학생들이 어학원을 선택하는 기준 중에 하나로 시설적인 면이 있지만 시설은 중요하지 않다. 시설보다는 학원의 학습시스템이 자신과 맞는지 규율은 어떤지가 필리핀으로 떠나는 대학생들에게 선택의 기준이 되어야 한다. 시설? 방과 후 활동? 위치? 이런 부수적인 것들에 혹할 수도 있지만 중요한 것은 학원의 진정한 가치이다. 사실 나는 내가 지내던 어학원의 학습 체계와 잘 맞지 않는 편이어서 약간의 후회가 남는다. 그래서 더더욱 필리핀 어학연수를 고민하는 학생들에게 자신이 가게 될 어학원에 대한 충분한 조사를 마치고 가라고 당부하고 싶다.

어학원에 대한 부분을 제외하고서는 필리핀에 머무는 기간 동안 만족도는 높은 편이었다. 물론 우리가 콩글리시를 구사하듯 그들은 따갈로어를 구사한다. 하지만 보통 필리피노들은 한국인보다 영어를 잘 구사하고 친절히 대답해준다. 또한 앞서 말했듯 영어회화에 기초가 부족하고 자신감이 부족한 학생에게는 최고의 환경이라고 할 수 있다. 선생님들은 친절하고 정이 많다. 필리피노들은 자신에게 정말 친구라고 생각하는 누군가에게 생일에는 선물을 챙겨주고 헤어지는 날에는 눈물을 흘리며 영어로 적은 감동의 편지도 준다.

가끔 필리피노 선생님의 집에 초대되어 로컬의 분위기를 느낄 수도 있다. 회화라곤 정말 기초밖에 안 되었던 나에게 짧았지만 필리핀에서의 경험이 도움이 되었다. 물론 어느 곳에서든 학생 본인의 노력과 열정이 중요하지만, 필리핀이라는 나라가 그 열정과 노력을 뒷받침해 줄 수 있는 나라라고 생각한다. 취업에 치이는 대학생이지만 필리핀에서 영어 학습은 잠시 쉬어가며 배울 수 있는 시간이었다. 영어를 배우고 싶지만 겁부터 나는 사람이 있다면 필리핀을 추천한다. 영어로 적어낸 감동의 편지를 읽고 싶은가? 두리안의 지독함과 달콤함 중 어떠한 것을 느낄 것인지는 선택하는 자의 몫이다!.

학원선택, 본인의 적성과 특성에 맞게 선택하라

타영어권 나라에 비해 저렴한 비용으로 공부에만 전념할 수 있는 환경과 선생님과의 1:1 수업 1:4 수업은 단기연수를 고민하고 있던 저에게 있어서 매력적인 부분이자 필리핀으로의 연수를 결정하게 된 결정적인 요인이었습니다. 평소 필요한 문법, 어휘에 관한 기본적인 실력은 갖추고 있다고 생각한 저는 이와 같은 장점을 가지고 있는 필리핀 연수를 통해 무엇보다 practice를 통한 회화의 자신감을 얻을 수 있는 가장 좋은 방법 중에 하나라고 판단했습니다. 필리핀에 있는 많은 스파르타식 어학원들은 물론, 학원마다 좀 더 중요하게 다루는 부분은 있지만, 커리큘럼이나 제도상 그다지 큰 차이가 없습니다. 그래서 저는 필리핀에 다른 지역에 비해 선선한 날씨 속에서 비교적 쾌적하게 공부할 수 있는 여건이 갖춰진 바기오지역에 한 어학원을 선택하게 되었습니다.

올해 1월초부터 2개월간 필리핀에서의 단기연수를 통해 느낀 건, 필리핀에 가기 전에 한국에서의 준비가 유학생활 성공에 반 이상을 차지한다는 것을 깨달았습니다. 제가 말하는 준비는 영어에 대한 지식 뿐 아니라, 어떠한 방식으로 필리핀 선생님과의 1대1 수업을 자신에게 맞는 효율적인 방법으로 이끌어 갈지에 대한 고민입니다. 저는 개인적으로 교재에 맞는 일정한 방식의 수업보다는 스스로 주제를 선정하여 토론하고 그에 대한 표현법을 익히는 방식으로 1대1 수업을 활용했습니다. 영어 공부에 있어서 자신에게 부족하고 또 필요한 것이 무엇인지는 제 자신이 그 누구보다 잘 알고 있기 때문입니다. 1대1 수업시간과 영어실력향상의 관계가 비례할 거라는 막연한 기대를 가지고 아무런 준비 없이 수동적인 자세로 유학길에 오른다면 보다 많은 것을 얻을 수 있는 기회를 놓치게 될 수 있습니다.

그렇게 한 달 동안 ESL (기초영어 회화코스)에서 영어에 대한 자신감과 어느 정도의 회화실력을 갖추고 난 후, 나머지 1달은 Business course 반을 수강했습니다. 학원마다 차이는 있지만 제가 있었던 학원에서는 IELTS 반 이외에 business에 대한 전반적인 지식과 cover letter, resume를 쓰는 방법을 다루는 Business course 반이 있었습니다. 제가 이 과정을 지원한 동기는 무엇보다 4주 동안에 배운 지식을 바탕으로, 자기 나름대로의 독창적인 사업계획서를 작성하고 이를 모든 학생들과 선생님들 앞에서 1시간 동안 영어로 presentation을 하는 business presentation 과정은 제가 가지고 있던 영어에 대한 두려움을 한 번에 날리고 자신감을 한껏 얻을 수 있는 일거양득의 기회였기 때문입니다.
물론 필리핀 어학연수가 비용대비 최고의 효과를 얻을 수 있는 사막에 오아시스 같은 곳이라고 말하기엔 부족한 점도 있습니다. "선생님의 발음이 안 좋다" "치안이 불안하다" 등 필리핀 유학에 대한 곱지 않은 시선을 가진 사람들에 이와 같은 이유가 필리핀의 유학을 계획 중인 사람들에 발목을 잡을 수도 있다고 생각합니다.

당연히 영어가 모국어가 아닌 그들에게 있어서 미국인이나 영국인과 같은 발음을 기대할 순 없시반, 한국인을 가르칠 만한 충분한 능력을 가지고 계신 teacher들도 많기 때문에 이 부분에 대한 지나친 우려로 인해 저비용에 효율적으로 회화능력을 향상시킬 수 있는 매력적인 기회를 놓치는 건 개인적으로 합리적인 판단이 아니라고 생각합니다. 어디서나 무슨 일에서나 중요하지만, 특히나 필리핀 유학생활에 있어서 자기관리란 성패를 가늠할 수 있는 가장 큰 잣대로 볼 수 있습니다. 스파르타식 학원을 선택한 사람 또한 꽉 차여진 스케줄로 인해 오히려 더 주변의 유혹에 쉽게 빠질

수 있는 risk를 안고 있기 때문에 체계적이고 빡빡한 스케줄의 학원이 더 좋다고 맹신하여 학원 선택하는 데 있어서 자신의 특성과 맞지 않는 학원을 선택하시는 오류를 범하지 않았으면 합니다.

불안한 치안, 견디기 힘든 더위, 한국에 비해 전체적으로 낙후되어 있는 시설, 하지만 필리핀은 영어를 배우고자 하는 의지와 목표가 뚜렷한 사람에게 있어서 기회의 나라라고 생각합니다. 매사에 밝고 긍정적인 마인드로 학생들을 대하고 가르치는 필리핀 Teacher들을 통해 무엇보다 영어에 대한 자신감을 기를 수 있는 가장 큰 수확을 얻을 수 있을 거라 확신합니다.

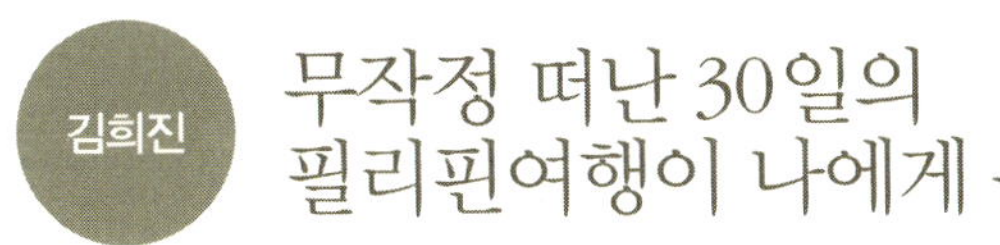

무작정 떠난 30일의
필리핀여행이 나에게 준 것

내멋대로 살기 위해 무언가를 찾기 시작했다. 나의 일상은 시계추처럼 직장과 집을 왔다갔다 하는 반복의 연속이었다. 결국 스물두 살 호주워킹홀리데이의 추억을 잊지 못하고 난 또 어디론가 떠나려고 인터넷을 뒤지고 도서관에서 여행책이란 책들을 다 꺼내보았다. 수중에 돈이 많지 않았기에 가까우면서도 영어를 쓰는 따뜻한 나라, 아. 필리핀! 호주에 있을 때 같이 쉐어하던 언니로부터 필리핀에서 어학연수했던 이야기를 들었던 적이 있었다.

매일같이 생각했었다. 바다와 하늘의 경계가 없는 아름다운 해변 모래 위에 누워 그 달콤한 편안함을 누리고 싶다고. 난 한순간의 망설임 없이 직장을 그만두고 캐리어를 끌고 필리핀으로 떠났다.

정말 멋진 푸르고 푸른 바다를 보며 하루이틀 행복한 시간을 보냈다. 이러다 나만 시간이 멈춰서 현실감을 잊고 사는 건 아닌가 하는 생각이 문득 들었다.

우물 안 개구리 같은 삶을 살아온 나는, 삶에 지쳐 있던 나는 뭔가 특별한 것을 찾았다. 그건 바로 해외여행이었고, 꿈이 없던 내게 세계여행이라는 상상도 못했던 꿈을 갖게 해주었다. 아무 준비 없이 떠난 필리핀 30일. 비행기 표만 들고 갔지만 생각 없이 무작정 떠난 건 아니었다.

D-30. 내 머릿속엔 온통 필리핀이었고, 나름 실속 있고 타이트한 계획을 짰다.

겨울을 지독히도 싫어했던 나는 11월 첫눈도 보기 전에 필리핀 마닐라행 비행기에 올라탔다. 너무 기대한 탓인가? 지저분하고 냄새나고 모든 사람들의 시선이 내게 집중

되는 듯한 느낌. 웃는 표정으로 친절히 대해주는 사람들에게 의심부터 하게 되는 나의 모습. 필리핀 관련 여행책자 때문인가? 친절한 사람을 조심하라던 문구를 읽은 적이 있었다.

마닐라에서의 실망감은 보라카이에 도착했을 때, 화이트 비치를 본 순간 싹 날아갔다. 아름답고, 환상적이고, 정말 눈 감고 양팔 벌리고 소리 지르며 바다로 달려들었다. 젤로 좋아하는 야자수 옆에 바짝 붙어 바다를 등지고 디카로 열심히 찍어댔다.
보라카이가 제주도만큼 큰 섬인 줄 알았던 나는 가장 기본적인 것을 몰랐다. 보라카이는 제주도가 아니라 제부도보다 더 작았던 것이었다. 그것도 모르고 일주일을 화이트비치 스테이션 2에서만 있었다. 걷다가 덥고 지치면 트라이시클(오토바이에 수레 같은 것을 옆에 연결해서 다니는 택시 같은 교통수단)을 타고 다녔다. 필리핀 여행 가이드 책을 한 손에 들고 맛집&호텔숙박&지도&관광지 등 책에 있는 곳을 다니면서 섬 투어를 했다.
보라카이에서 유명한 D-Mall(쇼핑거리), 탈리파파(큰 마켓시장). 바닷가에 누워 여유를 즐길 때 말고는 이 두 곳에서 맛있는 거 먹고, 쇼핑을 하곤 했다. 쇼핑몰 말고도 해변 따라 악세사리나 타투, 레게머리, 안마, 먹거리 등 구경거리가 많다. 뜨뜻미지근하지만 세상 가장 달콤한 망고.
필리핀 보라카이는 여유로움과 편안함과 아름다움이 공존하는 환상의 섬이었다.

해외여행…… 기회는 많고 시간도 많지만 처음이라서 어려운 것이다. 바쁘다는 핑계로 너무 어쩔 수 없는 삶에 갇혀 살지는 않는가?
철없어 다니는 여행이 아니다. 할 일 없이 다니는 여행이 아니다. 어쩌면, 인생을 통째로 바꿀 수도 있다. 잠시 다른 나라에서 살아보는 것도 특별하고 짜릿하고 괜찮지 않을까? 지나고 나면 아무것도 아닐지 몰라도 추억이고, 시간, 돈 낭비일지 몰라도 한 살이라도 어릴 때 다녀야 경험이 쌓이지 않을까?

백수진

필리핀유학의 성공여부는 철저히 자기관리다

3년을 일하고 떠난 어학연수. 도피였을까, 나에게 준 선물이었을까, 난 감히 안식년이라고 불렀다. 20대 후반, 어학연수를 준비하기에는 이미 늦었다는 이도 있었고, 시간과 돈을 적절히 활용할 수 있기에 최적의 시기라고 하는 이도 있었다. 어쨌든 난 새로운 나를 만들 시간이 필요했고, 그것에 가장 알맞는 선택은 1년간의 어학연수였다.

쉽지 않은 결정이었기에 확실한 계획을 세워야 했다. 모든 경우의 수를 따져가며 나라를 결정해야 했고, 학원을 선택해야 했다. 가장 중요했던 건 나를 돌아보는 것이었다. 나의 어학연수의 목표가 무엇인지 명확하게 알아야 했고, 나의 실력이 어느 정도인지 파악해야 하고, 나의 잔고, 소요 시간을 적절히 분배해야 했다.

다양한 방법을 연구하면서 정보를 모으기 시작했고, 나의 최적의 시나리오는 3개월 필리핀, 8개월 호주, 1개월 유럽여행이었다. 유럽여행이라는 변수를 뒀기 때문에 가격대비 최대의 효과를 올릴 수 있는 필리핀은 영어의 기초를 닦기에 최적의 선택이었다.

필리핀은 스파르타로 유명하다. 하지만 난 선택의 반은 나로부터 시작되는 세미 스파르타를 선택했다. 정규 수업은 8시30분부터 시작이 됐지만, 학원에서 제공하는 아침 수업(7시 시작, 50분 수업)을 놓치기 싫었기에 새벽부터 부지런을 떨어야 했다. 사실

욕심을 덜 부리고 침대 위에서의 달콤한 시간과 나의 영어를 놓고 딜을 할 수도 있지만, 필리핀의 해는 누구보다 부지런해 아침 8시면 해가 중천에 떠 있는 기이한 현상을 체험할 수 있기에 하루 종일 뜨거운 공기가 노곤하게 만드는 필리핀에서 상큼 시원한 공기를 마시고 싶다면 새벽기상이 도움이 될 것이다.

필리핀에서의 포인트는 맨투맨 수업을 얼마나 잘 활용하느냐. 누구나 자신에게 맞는 방법을 선택하면 될 것이고, 본인이 결정하기 힘들다면 학원 시스템에 전적으로 맡길 수도 있지만 나 자신은 누구보다 내가 잘 알고 있을 테니, 어느 것이 탁월하다 말할 수 없는 노릇이다. 나에게는 문법이 과제였는데 그 어려운 문법을 영어로 진행하자니 기가 찰 노릇이었다.

그래서 선택한 것이 수업이 끝나면 문법은 셀프 스터디를 하고, 그것을 다음날 맨투맨에 적용하는 방법을 택했다. 내가 다닌 학원은 맨투맨을 3시간 혹은 5시간을 선택할 수 있었다. 처음엔 3시간을 선택했으나 내 공부방법을 적용하려면 5시간이 더 효율적이었기에 과감히 그룹 수업을 포기했다(사실, 그룹수업은 자신감 있게 자기 표현을 하고, 다른 이의 표현법을 들을 수 있어 좋긴 하지만, 적절한 수준의 학생배치와 교사의 진행 방식에 크게 좌우되기 때문에 그룹수업의 성공 여부는 학원의 역량에 달렸다고 본다.)

맨투맨 수업 중 한 시간은 전날 공부한 문법을 토대로 즉석에서 이야기를 만들어 튜터에게 전달하는 방식으로 문법 및 스피킹에 중점을 뒀다(이때 중요한 건 이야기는 미리 준비하지 않는 거다. 그래야 영어로 사고하는 방법을 연습할 수 있다). 또 다른 시간에는 전날 쓴 일기를 바탕으로 문법 교정을 받으며, 수정된 부분을 갖고 튜터와 무엇이 다른지에 대해 토론을 하였다.

나머지 3시간은 리스닝 및 스피킹에 시간을 분배했지만, 맨투맨에서는 얼마나 많이 학생이 이야기를 하며, 쉽게 말문을 틀 수 있도록 연습하느냐가 가장 중요한 것 같다.

맨투맨 수업을 하다보면 튜터와의 관계가 사제간이라기보다 친구에 더 가까워지는 것을 느낄 것이다.

이때 중요한 건 학생 본인의 의지에 따라 수업이 진행이 되느냐, 가까운 친구와 농담 따먹기로 한 시간을 떼우느냐가 갈린다. 혹시라도 신나는 밤 문화에 시간이 가는 줄 모르다 다음날 수업에 지장이 있다면, 침대 위에서 나와 딜할 것인가, 어떻게든 놓치고 싶지 않은 수업에 참여할 것인가는 숙취가 있는 그날의 문제가 아니라 나를 다스리지 못한 아찔했던 전날 밤의 문제인 것을 학생들은 잘 분간해야 한다.

한 주 동안 책과 열심히 달렸다면 주말에는 큰 부담없이 근교 해변으로, 관광지로 여행을 다닐 수 있는 것 또한 필리핀의 장점이다. 값싼 해산물과 BBQ를 근사한 해변에서 즐길 수도 있고, 다양한 해양 스포츠 및 문화 체험은 발 빠르게 움직이는 이에게 항상 열려 있으니 공부하는 짬짬이 정보 검색에도 소홀하면 안 되겠다. 시중에 나온 다양한 책이 길잡이가 되어 주겠지만 가장 정확하고 빠른 정보는 현지 튜터, 학원 내 친구들이 될 테니 기회를 놓치지 않길 바란다.

필리핀에서의 가장 핵심은 얼마나 자기 관리에 철저하느냐이다. 따뜻한 날씨 속에서 졸음과의 싸움, 값싸게 즐길 수 있는 신나는 밤의 여흥, 도처에 널린 휴양지 등 나를 유혹하는 모든 것들과 필리핀에서의 나의 목표를 두고 우선순위를 잘 정해 적절히 분배해야 삭막하지도 너무 느슨하지도 않은 필리핀다운 필리핀을 공부하고 오게 될 것이다.

사람은 행복해지려는 결심의 강도에 따라 그만큼 행복해진다고 한다. 자신이 성취하고자 하는 결심의 정도에 따라 성취의 정도가 판가름 날 테니 모든 것은 자신의 몫이다.

필리핀 연수가기 전에
기초영어는 꼭 떼고 가세요

저는 필리핀으로 4개월간 어학연수를 다녀왔습니다. 제가 필리핀을 선택한 이유는 영어의 기초를 다지기에는 필리핀이 효과적이라는 이야기를 들었기 때문입니다. 필리핀을 떠나기 전 저의 영어실력은 기초문법이 가장 부족했고 한 번도 제대로 공부해본 적이 없었기 때문에 필리핀만 다녀오면 20년 평생 나를 괴롭히던 영어가 한국말처럼 내 것이 될 거라는 기대감도 있었습니다.

처음 필리핀을 도착하였을 때 가장 놀랐던 부분은 저의 영어듣기 실력이었습니다. 그나마 듣기에는 자신 있었는데 필리핀 특유의 발음과 억양의 영어를 들으니 아주 기초적인 대화조차 들리지 않았습니다. 그러나 그런 것들은 1주일이 지나자 곧 적응이 되어서 잘 들리기 시작했습니다. 가장 큰 문제는 원어민 선생님들도 항상 말씀하셨지만 한국식 사고를 버리라는 것이었습니다.

예를 들면 "맛있게 드세요"라는 말을 꼭 한국식으로 똑같이 표현하려고 하는 것입니다. "enjoy your food"라는 영어적 표현이 있다는 것을 가장 먼저 인식해야 된다는 것이죠. 처음 이것에 적응하기 위해선 엄청난 답답함이 있었습니다. 꼭 그것을 표현하고 싶은데 할 수 없다는 것……. 처음 두 달 정도는 저 역시 갑갑함에 어떻게든 설명하려고 했지만 다 부질없는 짓임을 깨닫고선 마음을 비우고 영어식 사고를 하기 위해 노력했죠. 그렇게 영어식 사고를 하려고 하니 전자사전을 찾는 일도 줄게 되었습니다. 굳이 그 단어를 찾지 않더라도 그 단어를 표현할 수 있는 쉬운 말들로도 충분히 나의 뜻을 전달할 수 있게 된 것이죠.

또한 그곳에 있는 동안 가장 아쉬웠던 한 가지는 조금만 더 기초적인 것을 공부하고 왔더라면 하는 것이었습니다. 저는 가장 초급반부터 시작했기 때문에 어느 순간 내가 그 반의 최고의 실력자가 되기도 했습니다. 물론 자신감을 얻을 순 있겠지만 내가 영어로 표현할 수 있는 것에는 한계가 있었습니다. 중급반과 고급반에 계시는 분들은 좀 더 다양하고 디테일한 표현들이나 세련된 문장을 사용하였고 그런 것을 보고 받는 자극이나 배움도 상당히 많았습니다.
결국 중급반과 고급반 과정을 마지막에는 듣기는 했지만 고급반이 되고 얼마 지나지 않아 어학연수 일정이 끝나게 되었습니다. 만약 기초영어를 공부하고 왔더라면 더 많은 표현들을 배울 수 있었을 텐데 하는 아쉬움이 많이 남았습니다.

처음 제가 언급했듯이 저는 기초문법이라는 것을 배워보지 않고 필리핀에서 영어라는 것을 배웠기 때문에 저에게 영어는 공부가 아닌 그냥 말이었습니다. 그래서 항상 지금 와서 드는 아쉬움은 제가 처음부터 어느 정도 기초를 가지고 필리핀에서 수업을 들었다면 더 디테일한 대화와 함께 정확한 문장구사를 하지 않을까 하는 아쉬움입니다. 여러분들도 필리핀에 가면 영어된다는 생각보다는 미리미리 기초적인 문법은 해가지고 가시길 바랍니다.

필리핀 가기 전
자신만의 계획을 세워라

대학교 3학년을 마치고 토익 점수와 회화 능력의 필요성을 느껴서 어학연수를 결심하고 필리핀 3개월을 거쳐 호주에서 8개월 동안 연계연수를 했습니다. 길거리에서 외국인만 보면 영어로 말을 걸어 올까 봐 슬슬 피해 다녔기에 곧바로 영어권 나라로 가는 것보다는 필리핀에서 먼저 1대1 수업으로 영어 말하기에 대한 공포증을 떨치고 영어에 대해서 친숙해지고 할 수 있다는 자신감을 가진 상태에서 호주에서 어학연수를 하려는 계획이었습니다.

지금도 필리핀 세부에서의 3개월에 어학연수 생활은 머릿속에 생생하게 남아 있습니다. 태어나서 처음으로 한국이 아닌 다른 나라에서 생활한다는 설렘과 기대감과 함께 한편으로는 낯선 곳에 대한 두려움과 영어 공부에 대한 막막함과 두려움을 모두 껴안고 필리핀 어학연수 생활은 시작됐습니다.

경험하기 전에는 몰랐던 필리핀의 어학연수에 대해서 몇 가지 이야기 해보겠습니다. 첫째로 누구나 어학연수 떠나기 전에 뚜렷한 목표와 계획을 가지고 있어야 합니다. 저 역시 나름대로 계획을 세웠습니다.

① 목적의식(영어공부) 잊지 않기

② 절대로 결석하지 않기

③ 평일=영어공부, 주말=휴식

거창하지는 않지만 가장 기본이 되는 것들입니다. 하지만 지키기에 만만치 않은 힘든 계획들이었습니다. 필리핀의 어학연수는 학원과 기숙사가 일체된 형태로 80~90% 이상이 한국인입니다. 영어로 말하는 수업시간을 제외한다면 한국인들과 함께 생활하는 것입니다. 시간이 지나면서 서로 친해지고 어울리다보면 어느 순간부터 어학연수 목적으로 온 것이 아니라 여행 온 것처럼 노는 것에만 집중하게 되고 영어공부는 뒷전으로 밀려나게 됩니다.

또한 수업에 절대로 결석하지 않겠다는 저만의 계획을 계속 지켜나가다 보니 학원에서 주는 장학금을 받을 수 있는 기회가 생겼고 4등 3,000페소(약 100,000원)의 장학금을 받았습니다. 레벨 상승도 중요하지만 출석률, 즉 성실함을 중요하게 여기기 때문입니다. 이렇게 자신만의 계획을 잊지 않고 노력한다면 뜻하지도 않는 행운도 따라온다고 생각합니다.

둘째로 필리핀의 자연환경을 놓치지 마시고 마음껏 누려보세요. 필리핀은 휴양지로 유명하고 세부는 대표적인 휴양지로 유명한 곳인데 그 명성에 맞게 환상적인 자연환경을 가지고 있습니다. 평일에는 통금시간이 있어서 외박이 불가능하기 때문에 주말을 이용해서 주로 1박2일로 여행을 갑니다. 처음 룸메이트 형을 따라간 보홀 여행으로 인해서 필리핀의 아름다운 자연환경을 보고 여행의 묘미를 깨닫고 1대1 튜터에게 추천받아서 말라파스쿠아, 반타얀, 나르수안 등 세부 주변에 위치한 아름다운 섬들을 여행했고 필리핀 문화에 대해서 직접 체험하고 경험할 수 있는 좋은 기회였습니다.

사진에서나 볼 수 있었던 에메랄드 빛깔의 바다색깔이 머릿속에서 생각납니다. 필리핀에서 여행을 하려면 인터넷이 발달되지 않아서 하나하나 직접 부딪혀야 하는데 여기서 영어를 쓸 수 밖에 없는 상황에 놓이게 됩니다. 학원에서 튜터에게 장소를 물어보고 추천받고 리조트에 전화해서 예약을 하고 놀러가서 현지인들에게 물어보고 가격을 협상하고 이것저것 하다보면 모자란 영어라도 쓸 수밖에 없기 때문에 이렇게 부딪혀 가면서 영어 말하기에 대해서 두려움을 조금씩 없앨 수 있었습니다. 여행도 하고 영어 실력도 향상시킬 수 있는 일석이조의 효과를 얻을 수 있습니다.

이밖에도 튜터들과 친해져서 친구들과 듀터와 함께 저녁 먹고, 쇼핑하고, 시내 투어 등등 어울리면 같은 한국인들끼리도 그 자리에서는 영어로 말하게 되고 책에서 수동적으로만 배우는 영어가 아니라 실생활에 필요한 영어를 접할 수 있습니다.

3개월 후 필리핀에서 시작할 때 pre-intermediate 등급을 받았던 영어실력이 호주에서 처음 본 시험에서 upper-intermediate를 받게 되었습니다. 이렇듯 필리핀에서의 어학연수가 영어로 말하기를 두려워했던 상태에서 벗어나서 기본기와 자신감을 심어주었고 이어진 호주에서의 어학연수에서도 중심을 잡아주는 단단한 밑바탕이 되었습니다.

편견과 선입견을 가졌던 필리핀,
하지만 지금은 추억의 한 축을 차지하다

많은 분들이 연계연수의 시작을 필리핀에서 시작하시는데 보통 두 가지의 이유를 대자면 가족을 떠나 외국 생활을 쉽고 편하게 접하기 위함과 영어 기초를 다지기 위해 가시는 분들이 있죠.

저도 단연 이 두 가지 생각들과 하루에 8시간 외국인과 영어공부를 하는 수업체계 때문에 '진짜 한번 열심히 해보자' 하는 마음으로 호주 워킹을 시작하기에 앞서 3달간을 필리핀에서 머물렀답니다.

정말 수많은 학원들과 교육방식들 또 지역을 정하기까지 정말 오랜 시간이 걸렸지만 한 달간 하루 세 시간 잠을 청하며, 필리핀에서 가장 안전하고 천제지변이 없다는 다바오로 결정했습니다.

하필 제가 가는 날에 부산에서 출발하는 비행기가 없어서 가족들과 부산 시외터미널에서 인사를 해야 했답니다. 초등학생인 남동생이 남자라며 울음을 참던 모습이 생생하네요.

그렇게 인천공항 가는 내내 가족들의 편지를 보고 울면서 갔습니다. 운 좋게도 같은 날 같은 시간 같은 학원에 가는 언니를 인천공항에서 만나 함께 긴 여정을 외롭지 않게 갈 수 있었답니다. (만약 유학원을 통해 가신다면 시간 맞춰 같이 가시는 것도 괜찮은 방법인 것 같습니다. 그리운 사람들과 한국을 떠나 혼자 먼 길 가기엔 너무 외롭잖아요?)

처음 필리핀 다바오에 도착했을 땐, 어떻게 비행기에서 내렸는데 나가는 곳이 "왠 버스 정류장이지?"였습니다. 다른 분들과 같이 저도 필리핀에 대한 선입견이라고 할까요? 후진국이라는 생각에 적잖은 오해들을 가지고 있었습니다. 사실 처음 필리핀에 발을 내딛고 학원에 도착했을 땐 가족이 보고 싶다기보다는 이런 곳에서 어떻게 살아야 하나 막막한 기분이었습니다.

정말 우리 나라의 60, 70년대 같은 느낌에 30분간을 학원 기숙사에서 짐도 풀지 않은 채 그렇게 주저앉아 있었네요. 그 느낌을 아직도 잊을 수가 없습니다. 매미소리. 뜨거운 햇살. 수많은 도마뱀들.

이젠 그 뜨거운 햇살이 책상 스탠드 같고, 벽지 문양인 줄 알았던 도마뱀들이 저를 위한 홈매트 같네요. 마냥 그립기만 한 추억들입니다.

첫날 레벨테스트를 3시간 정도 보았습니다. 어쩜 다 알아듣고 있는 양 거짓으로 고개를 끄덕일 수조차 없었던 시절입니다. 네, 저는 정말 기초를 위해 필리핀에 갔던 것이었습니다. 자랑스런 ELEMENTARY 반으로 말이죠.

하루 4시간이나 되는 1:1수업이 제일 두려웠고 그룹시간엔 한마디도 못했었습니다. 지금 생각해보면 그렇게 공부를 열심히 한 것도 아니고 수업시간 외에는 한국말만 썼는데도 영어실력은 꽤나 많이 늘었습니다. 1:1수업이 나중에는 기다려지기까지 했었답니다.

제가 갔던 학원은 세미 스파르타식이라 8시에 시작해서 5시에 수업이 끝나고 2시간 저녁시간과 휴식을 두고 10시까지 자습시간이었습니다. 숙제도 숙제지만 그룹실에서 다함께 공부하면서 서로 돕고 자습도 열심히 했었던 것 같네요.

그 학원의 좋은 점은 학생수가 50명 제한이라 선생님들과 함께 모두 가족같이 지내고, 학생들끼리도 가족처럼 지낼 수 있었던 것이었습니다.

그러니 제가 도착한 다음날 언니들과 앞섬으로 놀러갔죠. 이런 점들이 작은 학원의 장점인 것 같습니다.

지금 가장 돌아가고 싶은 때가 언제이냐고 물어보신다면 저는 단연 필리핀으로 돌아가고 싶습니다. 도착해서 고작 1시간 외로워하다 바로 적응해서는 다음날부터 가족들에게 여기에 살고 싶다고 했었답니다.

주말에는 시장가서 과일도 사고 Mall에가서 쇼핑도 하고, 빼놓을 수 없는 전신 마사지와 싸고 맛있는 음식들.

한 번은 연휴랑 연결된 날, 펄팜이라는 곳에 여행도 갔었는데 정말이지 지상천국이 따로 없습니다. 바다 바로 위에 지어진 숙소에 아침 조식, 배 값 모두가 고작 8만 원이었고 정말 원없이 수영도 하고 맛있는 것도 많이 먹었다지요. 한국에서 신혼여행지로도 인기가 높다는데 140만원이란 얘기에 더욱 신나하며 놀았답니다.

사람들은 어찌나 친절한지 마닐라나 세부에서 잔돈은 다 팁인 줄 안다는 택시기사들은 다바오에서 보기 힘드실 겁니다. 얼마나 좋은 사람들이 많은지 아마 가시면 아실 거예요!

처음은 비록 오해들로 시작했지만 점점 필리핀이 좋아지고 있었답니다. 정말 가족들과 꼭 함께 가고 싶은 곳이 되었습니다.

막 영어가 재밌어지고 살이 달아오를 때쯤 호주로 떠나게 되었는데 짧은 기간 동안 좋은 사람들과 좋은 곳에서 함께 지낼 수 있었다는 것이 저에게는 더할 나위 없는 선물이 아닐까 싶습니다.

언니 오빠들은 모르겠죠. 떠나는 날 몰래 차 안에서 울었다는 걸. 6개월이 지난 지금도 자주 필리핀의 추억에 흠뻑 빠지곤 하는 이유진이었습니다.

 자신에게 맞는 공부방법을 찾아라

필리핀 호주 연계연수로 계획을 세웠던 나는 필리핀보다는 호주에 대한 사전정보와 지식을 쌓도록 더 열을 올렸었다. 필리핀이야 내가 선택한 학교에서 공부하며 기숙사에서 숙식 제공을 하니 아무런 두려움 없이 지낼 수 있을 것이라는 생각 때문이다. 그렇다면 나는 왜 필리핀을 오게 되었는가? 아마도 많은 사람들은 다음과 같은 이유를 댈 것이다.

자신의 기초적인 영어실력으로 바로 호주를 갈 수 없고 자신의 기초적인 영어실력을 향상하고 다른 국가에 비해 저렴한 연수비용과 1:1강의에 대한 메리트가 있기 때문에 짧은 몇 개월이라도 거쳐가는 것이 도움이 될 것이라는 생각 때문일 것이다. 나 역시 그런 생각으로 필리핀에 가게 되었다.

학교에 가자마자 처음으로 레벨테스트를 받고 난 후 그 결과에 대해서 예상했던 것보다 낮은 점수를 받았을 때, 나는 적지 않은 나이에 와서 한없이 어린애들보다 떨어진다는 생각에 내 자신에게 더욱더 채찍질을 가할 수 있었다. 필리핀에서 가장 황금 같다는 1:1수업을 떠올려보면 기초도 안 되고 말도 안 되는 영어로 누구보다 인내심 강하고 단어만 나열해도 다 이해해줄 것 같은 현지선생님 얼굴을 마주보면서 말문이 막혀도 왠지 계속 주저리주저리 떠들어도 될 것만 같았다.

1:1수업이 많은 특성상 그 좁은 공간에 학생과 선생님 둘이서 하루에 몇 시간씩 공부를 하게 되면 정말 둘도 없는 편한 친구처럼 지낼 수 있게 된다. 하지만 이게 더 공부에 좋을 수도 있지만 오히려 너무 편하게 선생님을 대하다 보면 대화가 거의 농담

따먹기 수준으로 되고 수업 진도는커녕 다른 길로 새어나가기 일쑤다.

내 생각엔 1:1수업시간을 적극 활용하려면 꼭 교재를 참고하여 그날에 주제에 맞는 토론에 포커스를 맞추고 발음교정과 그전 시간 학생에 부족했던 점을 다시 끌어내어 올바른 학습이 되도록 해야 비로소 영어실력이 늘어나는 것을 알 수 있었다.

학생실력이 너무 기초라 그 한정된 시간 안에 하나하나 고쳐주다 보면 그 황금시간을 100퍼센트 활용하기란 어렵다. 그렇기에 필리핀을 오기전 좀 더 많은 단어를 알고 기본적인 스피킹을 할 수 있는 정도의 공부를 미리 해오는 것이 가장 단기간에 효과를 얻을 수 있는 방법이라고 말해주고 싶다.

그리고 요즘 거의 대부분의 필리핀의 학교들이 스파르타식의 교육을 중점을 두는 학원들이 많다. 물론 그 빡빡한 수업시간을 잘 따라다니며 아침부터 밤까지 수험생이 된 듯 따라가는 학생들도 있지만 오히려 세미스파르타의 경우엔 잘 따라가다 지쳐 수업을 한두 번씩 빠지다 결국 나사 풀어지듯이 풀어져버리는 역효과를 낼 수 있다.

철저히 자신의 성향에 맞는 학교를 선택하는 것이 좋다. 내 입장에서는 종일 공부하는 스타일이 아니고 워낙 놀기 좋아하고 밤문화를 즐기는 나로서는 기본수업시간은 꼭 지키되 학교 밖에서 사귄 현지친구들과 대부분 시간을 보내며 한국인에게 절대적으로 호의적인 현지친구들을 이용해서 스피킹에 대한 자신감을 갖게 되었다.

내 경우에 맞춰서 하라는 것이 아니다. 본인에 맞도록 자신이 짧지만 인생에 있어서 절대로 짧지 않을 필리핀 유학생활의 조종키를 자신이 쥐고 가라는 이야기다. 마지막으로 이런 말이 있다.

"사람이 지혜가 부족해서 일에 실패하는 경우는 적다. 사람에게 늘 부족한 것은 성실이다."

영어공부도 마찬가지로 꾸준히 자신에게 맞는 공부방법을 찾아가고 영어를 쓸 수 있는 환경에 적극적으로 대응할 줄 아는 두둑한 배짱만 있다면 여러분은 해낼 것이다. 자신은 강한 사람이라는 것을 꼭 인지하고 도전하라!

필리핀 생활가계부
2009년 10월 23일~2010년 4월 11일

10월 23일	25페소(스프라이트 캔)
10월 24일	미네랄워터(10페소)
10월 25일	네스티 22페소*2=44페소
10월 26일	핸드폰비(1470페소)+충전카드(300)+바비큐(300)+택시비(43)+장보기(300)=2363페소
10월 27일	0페소
10월 28일	0페소
10월 29일	1페소(복사비)
10월 30일	술+커피=200페소
10월 31일	택시비(50페소)+음료수(75페소)+외식비(400페소)+아로마마사지(250페소)=775페소
11월 1일	음료수 22페소+바비큐음식점(200페소)=222페소
11월 2일	음료수 22페소
11월 3일	수도세 340페소+27페소(음료수)=367페소
11월 4일	0페소
11월 5일	수도세 226페소
11월 6일	외식(250페소)+술(250페소)+택시비(50페소)+클럽비(100페소)=650페소
11월 7일	0페소
11월 8일	택시비 105페소+리조트비(1000)=1105페소
11월 9일	택시비 35페소+핸드폰 심카드 40페소+재충전 300페소+음료수(118)=493페소
11월 10일	0페소
11월 11일	택시비(100페소)+국내선항공(세부-다바오, 다바오-마닐라3891페소)=3991페소

11월 12일	0페소
11월 13일	택시비(235페소)+클럽비(100페소)+삼겹살(500페소)=835페소
11월 14일	택시비(300페소)+클럽비(540페소)+한국음식점(1000페소)+졸리비(560페소)=2400페소
11월 15일	핸드폰충전(300페소)+쇼핑(115페소)+택시비(95페소)=510페소
11월 16일	0페소
11월 17일	0페소
11월 18일	장보기(191페소)+마사지(180페소)=371페소
11월 19일	0페소
11월 20일	술값(200페소)+과자(18페소)=218페소
11월 21일	택시비(116페소)+술값(408페소)=524페소
11월 22일	외식비(600페소)+지프니(10페소)+택시비(60페소)+술값(500페소)=1170페소
11월 23일	커피(100페소)+택시비(50페소)+마사지(250페소)+외식비(250페소)=650페소
11월 24일	음료수(85페소)+복사비(12페소)=97페소
11월 25일	0페소
11월 26일	핸드폰 충전(300페소)+쇼핑(100페소)=400페소
11월 27일	음료수(7페소)+지프니(21페소)+졸리비(81페소)+외식(250페소)=359페소
11월 28, 29, 30일	리조트회비(2300페소)+클럽(100페소)+스테이크(400페소)+바비큐(50페소)+지프니(9페소)=2859페소
12월 1일	0페소

12월 2일	복사비(2페소)
12월 3일	택시비(50페소)+술값(150페소)+바비큐(350페소)=550페소
12월 4일	노래방(200페소)+바비큐(300페소)+택시비(220페소)+지프니(7페소)=727페소
12월 5일	택시비(150페소)+커피(20페소)+술값(100페소)+항공통행세(200페소)=470페소
12월 6일	택시비(78페소)+장보기(98페소)+바비큐(200페소)=376페소
12월 7일	0페소
12월 8일	0페소
12월 9일	마사지(125페소)
12월 10일	0페소
12월 11일	택시비(121페소)+술값(310페소)+지프니(32페소)=463페소
12월 12일	택시비(220페소)+리조트비(1200페소)+마사지(250페소)=1670페소
12월 13일	택시비(80페소)+음료수(29페소)+지프니(10페소)+핸드폰충전(300페소)+필리핀 옷(400페소)=819페소
12월 14일	0페소
12월 15일	0페소
12월 16일	0페소
12월 17일	바비큐(180페소)
12월 18일	외식비(597페소)+술값(954페소)=1551페소
12월 19일	오버차지(400페소)+항공통행료(200페소)=600페소
12월 20일	장보기(63페소)

12월 21일	0페소
12월 22일	비자연장비(4600페소)+벌금(500페소)+트라이시클(65페소)+술값(155페소)=5310페소
12월 23일	0페소
12월 24일	장보기(98페소)+트라이시클(10페소)=108페소
12월 25일	비행기표(마닐라–팔라완, 팔라완–세부)=4100페소
12월 26, 27일	사방비치 숙박 및 엑티비티=2800페소
12월 28일	0페소
12월 29일	인트라무스 마차(500페소)+버스비(100페소)+지프니(7페소)+차우킹(108페소)+핫도그(76페소)+쇼핑(79페소)+에너지드링크(코브라20페소)=870페소
12월 30일	0페소
12월 31일	과일바구니 322페소+생일케이크(500페소)=822페소

2 0 1 0 년

1월 1일	트라이시클(40페소)+술값(360페소)=400페소
1월 2일	할로할로(78페소)
1월 3일	쇼핑(67페소)+밥값(50페소)+택시비(60페소)=177페소
1월 4일	0페소
1월 5일	0페소
1월 6일	외식(146페소)
1월 7일	0페소
1월 8일	0페소
1월 9일	핸드폰충전(300페소)+지프니(40페소)+술값(300페소)=640페소
1월 10일	영화관람 아바타3D(250페소)+지프니(15페소)+쇼핑(125

	페소)=390페소
1월 11일	0페소
1월 12일	0페소
1월 13일	0페소
1월 14일	아이스크림(30페소)+음료수(30페소)+지프니(40페소)+빵(40페소)=140페소
1월 15일	중고책(209페소)+택시비(49페소)+졸리비(100페소)+지프니(40페소)+차우킹(87페소)=485페소
1월 16일	오버차지(200페소)+통행료(200페소)=400페소
1월 17일	무좀약(300페소)+점심값(160페소)+장보기(370페소)+지프니(30페소)+할로할로(29페소)=889페소
1월 18일	비자연장(2870페소)
1월 19일	0페소
1월 20일	0페소
1월 21일	0페소
1월 22일	파인애플쥬스(25*2)+음료수 환타(31페소)=81페소
1월 23, 24일	버스비(120페소)+할로할로(10*7)+바나나페스티벌 티켓(500페소)+술값(150페소)+과자값(32페소)=872페소
1월 25일	음료수(50페소)+라면(120페소)=170페소
1월 26일	할로할로(29페소)+지프니(24페소)+미스비(100페소)=153페소
1월 27일	음료수, 길거리햄버거(45페소)+헤어컷(50페소)=95페소
1월 28일	트라이시클(100페소)+버스비(60페소)+항공통행료(40페소)+택시비(120페소)+코코아(135페소)=455페소
1월 29일	비자연장 2개월(3140페소)+택시비(45페소)+장보기(175페소)+술값(302페소)+지프니(15페소)+봉고(15페

	소)=3692페소
1월 30일	택시비(105페소)+할로할로(58페소)+포켓볼(125페소)=288페소
1월 31일	택시비(120페소)
2월 1일	할로할로(29페소)+바비큐(300페소)=329페소
2월 2일	음료수(31페소)
2월 3일	0페소
2월 4일	0페소
2월 5일	음식값(250페소)+치약(50페소)+생활용품(36페소)=336페소
2월 6, 7일	모알모알 리조트 예약 및 엑티비티 비용(1750페소)
2월 8일	0페소
2월 9일	0페소
2월 10일	0페소
2월 11일	지프니(14페소)
2월 12일	택시비(100페소)+지프니(16페소)=116페소
2월 13일	택시비(200페소)
2월 14일	커피컵(48페소)+핸드폰충전(100페소)+시계(199페소)+장보기(37페소)=658페소
2월 15일	0페소
2월 16일	0페소
2월 17일	0페소
2월 18일	빅터생일선물(300페소)+지프니(45페소)+할로할로(29페소)+졸리비(81페소)=455페소
2월 19일	바비큐(200페소)+지프니(43페소)=243페소

2월 20일	0페소
2월 21일	지프니(100페소)+할로할로(49페소)+졸리비(93페소)+영화 울프맨(140페소)+음료수(23페소)=405페소
2월 22일	지프니(40페소)+장보기(40페소)+졸리비(91페소)=171페소
2월 23일	지프니(41페소)
2월 24일	할로할로(49페소)
2월 25일	지프니(41페소)
2월 26일	에너지드링크 스팅(11페소)+물통(28페소)+지프니(92페소)+차우킹(108페소)+핸드폰충전(285페소)=521페소

학 교 생 활   마 감

2월 27일	지프니(20페소)+할로할로(29페소)+봉고(120페소)+콜라(45페소)+트라이시클(40페소)+돼지고기(170페소)+야채(75페소)=499페소
2월 28일	트라이시클(14페소)+지프니(94페소)+졸리비(98페소)+파인애플(51페소)+차우킹(108페소)+장보기(435페소)=800페소
3월 1일	요구르드(7*2)-14페소
3월 2일	지프니(47페소)+트라이시클(20페소)+졸리비(81페소)+발마사지(100페소)+장보기(770페소)=1018페소
3월 3일	0페소
3월 4일	사팍점심(돼지고기 360페소+양파, 감자(140페소)+파인애플(18페소)+지프니(68페소)=579페소
3월 5일	돼지고기(340페소)+채소(180페소)=520페소

3월 6일	맥주+과자(163페소)
3월 7일	파인애플(22페소)+지프니(34페소)+음료수(69페소)+망이나샬(52페소)+트라이시클(14페소)=191페소
3월 8일	일로일로 배편(510페소)+지프니(81페소)+파인애플(28페소)+전신마사지(320페소)=912페소
3월 9일	미니버스(25페소)+지프니(27페소)+졸리비(80페소)+장보기(330페소)=432페소
3월 10일	지프니(79페소)+바나나우유(35*4)+택시비(110페소)+바비큐(210페소)=539페소
3월 11일	0페소
3월 12일	사팍점심(돼지고기 340페소+양파, 감자(100페소)+삼겹살, 소주(1080페소)+지프니(87페소)+망고쥬스(34페소)+전신마사지(350페소)=1981페소
3월 13일	배 통행료(25페소)+택시비(50페소)+지프니(34페소)+파인애플(20페소)+과일쥬스(28페소)=157페소
3월 14일	오렌지쥬스(30페소)+호텔(695페소)+지프니(14페소)+파인애플(10페소)+망이나샬(77페소)+에너지드링크(16페소)+샴푸(47페소)+던킨도너츠(52페소)+졸리비(100페소)+음료수, 라면(44페소)=1085페소
3월 15일	망이냐샬(77페소)+할로할로(10페소)+바콜로드 배(275페소)+자전거(20페소)+햄버거, 쥬스(65페소)+배 티켓(바콜로드-마닐라1375페소)+파인애플(31페소)+지프니(7페소)+숙박료(1188페소)+음료수(32페소)=3080페소
3월 16일	숙박료(2일 숙박료 3000페소)+지프니(14페소)+영화비(100페소)+소세지(20페소)+할로할로(29페소)+장보기(215페소)=3378페소

3월 17일	영화비(95페소)+닭 바비큐(160페소)+요구르트 1리터(82페소)+파인애플(32페소)+치킨, 밥, 콜라세트(87페소)+지프니(21페소)+트라이시클(7페소)+에너지드링크(12페소)+ruins입장료(40페소)=537페소
3월 18일	지프니(21페소)+카메라커버(40페소)+일본라면(140페소)+자쿠 음료수(36페소)+영화비(80페소)=417페소
3월 19일	숙박료(564페소)+지프니(7페소)+트라이시클(10페소)+점(59페소)=640페소
3월 20일	샌드위치(20페소)+초코우유(25페소)+할로할로(29페소)+지프니(14페소)+수빅행 버스(218페소)+점심값(95페소)+과자(50페소)+숙박료(1000페소)+지프니(25페소)+쥬스(20페소)+졸리비(100페소)=1548페소
3월 21일	숙박료(1857페소)+망이냐살(85페소)+박카스(43페소)+전신마사지(370페소)+세탁물(87페소)+술, 치킨(240페소)+2일치 숙박료(3713페소)=6395페소
3월 22일	망이냐살(125페소)+지프니(49페소)+코코넛쥬스(5페소)+파인애플쥬스(7페소)+할로할로(49페소)+트라이시클 H중공업(300페소)+장보기(214페소)=646페소
3월 23일	비행기티켓(클락-세부1765페소)+코코넛쥬스(10페소)+졸리비(100페소)=1875페소
3월 24일	졸리비(81페소)+망이나살(129페소)+알로에쥬스(177페소)+쌀국수(56페소)+2일숙박료(3713페소)=6395페소
3월 25일	망이냐살(52페소)+던킨도너츠(35페소)+박카스(29페소)=116페소
3월 26일	지프니(14페소)+버스비(130페소)+레드블(39페소)+요구르트(40페소)+도너츠(32페소)+망이냐살(55페소)+항공

	터미널비(150페소)+도너츠, 콜라(97페소)+카메라가방(100페소)=657페소
3월 27일	지프니(17페소)+택시비(130페소)+망이냐샬(99페소)+파인애플(19페소)+장보기(소불고기 435페소)+전신마사지(370페소)+트라이시클(21페소)=1141페소
3월 28일	맥주3병, 콜라1.5리터 2개(218페소)+리본목걸이(20페소)+음료수(24페소)=262페소
3월 29일	지프니(63페소)+택시비(35페소)+옥수수(40페소)+초코우유 3개(78페소)+자쿠(36페소)+장보기(240페소)=481페소
3월 30일	지프니(46페소)+택시비(35페소)+에너지드링크(10페소)+KFC(56페소)+망니냐샬(55페소)+장보기(180페소)+비타500(25페소)+트라이시클(20페소)=427페소
3월 31일	지프니(34페소)+택시비(35페소)+필리핀레스토랑(345페소)+박카스(35페소)+파인애플(16페소)=465페소
4월 1일	지프니(7페소)+트라이시클(21페소)+2시간 마사지(465페소)+삼겹살(1100페소)+박카스(35페소)=1628페소
4월 2일	0페소
4월 3일	0페소
4월 4일	수박(100페소)+염색(250페소)=350페소
4월 5일	망이냐샬(58페소)+지프니(54페소)+박카스(35페소)+과일(12페소)+자쿠(41페소)=200페소
4월 6일	파인애플(70페소)+지프니(31페소)+담배(330페소)+필리핀옷(400페소)+택시비(50페소)+칼라만시쥬스, 빵(210페소)=1090페소

4월 7일	밥, 치킨, 쥬스세트(79페소)+지프니(27페소)+KFC(61페소)+전신마사지(320페소)+돼지고기(187페소)+야채(75페소)+빵, 콜라(35페소)+음료수(40페소)+삼겹살(1880페소)=2914페소
4월 8일	지프니(47페소)+필리핀옷 및 기념품(710페소)+전신마사지(320페소)+택시비(140페소)=1217페소
4월 9일	지갑(1800페소)+탄두아이 술 및 기념품(679페소)+KFC(89페소)+택시비(90페소)+지프니(14페소)+파인애플(17페소)+박카스(35페소)+트라이시클(10페소)+봉고(40페소)+할로할로(29페소)+머리마사지(250페소)=3053페소
4월 10일	트라이시클(21페소)+지프니(5페소)+에너지드링크(20페소)+스프라이이트(8페소)+졸리비(70페소)+고구마(25페소)+=139페소
4월 11일	항공공항세(550페소)+오버차지(1200페소)+음료수9144페소)+악세사리(100페소)+파인애플쥬스(50페소)= 2044페소

2009년 10월 23일~ 2010년 4월 11일까지

총비용 108,032페소(학원비, 기숙사비, 교재비, 아이카드 발급비 제외)
우리나라 돈으로 환산 1원 기준 25원으로 환산할 경우 약 270만 원

미리 사진으로 알아본
6개월의 일정

01

02

03

04

05

06

07

08

09

10

11

12

13

14

15

영어 정복 다짐하며 싼
캐리어 속 짐

01

나를 배웅나와 준
친구들

02

항시 여행을 갈때마다
설렘을 주는
인천공항고속도로

03

헤어짐이 아쉬워 먹게된 대하

04

오버된 짐을 메고 다닌 나

05

대기시간 봤던
한국 시리즈 5차전

06

비행기 밖 필리핀 모습

07

혼자 짐을 풀었던 3인실 책상

08

나의 잠을 방해했던
필리핀 닭들

09

첫 레벨테스트 시험답안지

10

나의 첫 베치메이드와 일레이자

11

나에게 조언을 아끼지 않은
소피와 일레이자

12

깔끔하게 정리된 아얄라몰

13

할로윈데이때 그룹수업 중
발표하는 모습

14

똑딱이 카메라로도
담을 수 있는 세부야경

15

16

17

18

19

20

21

22

23

24

25

26

27

28

29

30

학교 졸업식 발표때

16

CDU 가드 로보트와
베치메이드 페르난도

17

발롯먹는 것을 시범보여준
필리핀 상인

18

어디서든 볼 수 있는 농구골대

19

필리핀 가드친구와
운동을 하는 모습

20

한류에 푹 빠진 SC딸 텀플

21

길거리에서 쉽게 보이는
비키니바

22

필리핀 시민의
교통수단 지프니

23

저렴하게 구매가 가능한
필리핀전통시장

24

CPILS 졸업식에서
수료증 받는 나

25

국내선 안에서
노래부르는 필리핀사람들

26

필리핀 가게에서
볼 수있는 한류의 증거

27

다바오 내 놀이공원

28

다바오 내 라이브클럽

29

호팅투어내 준비된 바비큐

30

31

32

33

34

35

36

37

38

39

40

41

42

43

44

45

일본인 친구
코와 같이 간 호팅투어

31

일본인 칭구
코와 함께 간 레스토랑에서
필리핀 중학생들과

32

규모부터 다른 마닐라 공항

33

사방비치로 가는
방카(배)에서 한 컷

34

실낚시로 물고기를 낚는
선장의 모습

35

선장이 사는 마을에서 발견한
호주혼 열아와 누이

36

성게밥을 해주려고
성게내용물을 모으는
필리핀 사람

37

선장마을을 떠나면서
한 가족과 한 컷

38

인트라무로스 마차 위에서…
사기 당하기 직전 사진

39

필리핀 내 가장 즐겨먹던
차이킹의 할로할로

40

새해 불꽃놀이 불을 붙이는
레지날도선생님

41

새해 항시 대기하는
엠뷸란스

42

바기오로 가는 차 안에서
찍은 바기오 모습

43

바기오의
일반적인 주택모습

44

다른 지역에는 없는
SUV형 택시

45

46

47

48

49

50

51

52

53

54

55

56

57

58

59

60

바기오 딸기농장에서
딸기판매하는 상인

46

세벽에 도착한
푸에르토 프린세사(필리완)

47

볼로(칼)를 들고
코코넛을 쪼개는 여자선생님

48

바나나꽃을 들고
기대치에 부푼 나

49

팔라완 동네 사람들과 한 잔!

50

팔라완 축제의 현장

51

남녀노소
흥겹게 춤을 추는 모습

52

팔라완
현지 미용실에서 한 컷

53

팔라완 공항으로 갈 수 있는
유일한 교통수단
트라이스클

54

팔라완 세부로 가기전
선생님들과 한 잔!

55

한국인에 관해
많은 이야기를 해준
라이프세부 시나 선생님

56

필인터 나의 베치매이드
일본인친구들

57

절대 가서는 안되는 곳
카지노

58

10페소에 파는
불법 DVD

59

나를 돌봐준 왼쪽서부터
트리샤, 팀플, MM

60

61

62

63

64

65

66

67

68

69

70

71

72

73

74

75

61

62

63

64

65

66

67

68

69

70

71

72

73

74

75

76

77

78

79

80

81

82

83

84

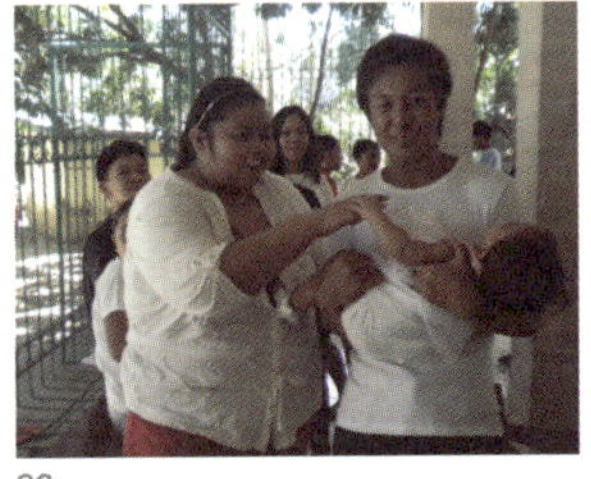

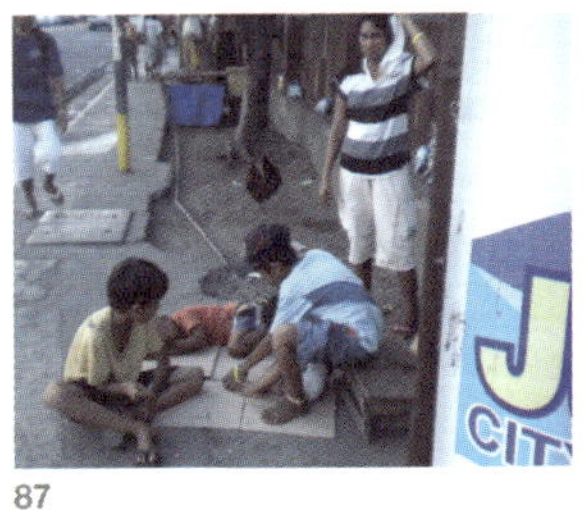

85

86

87

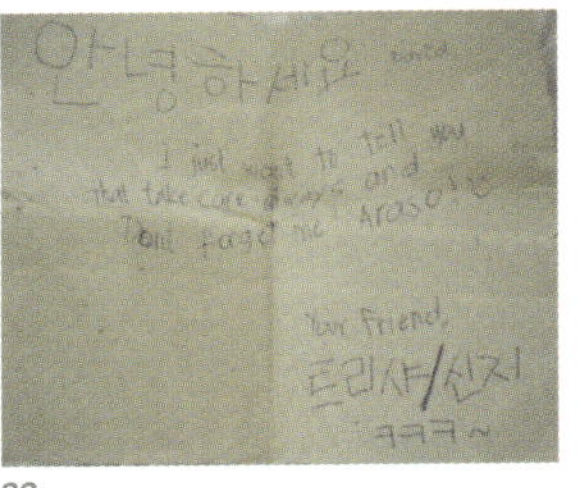

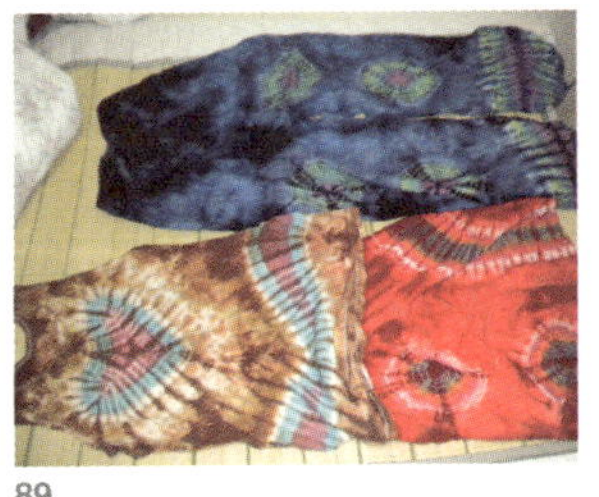

88

89

밤이 되면 환락가로 변하는
클락 체크포인트 거리

76

사건사고 많은
클락시내와 달리
평화가 느껴지는 공군기지

77

우물에서 물을 기르는
필리피나

78

필리핀가정집에
하나씩 있다는 닭들

79

특별한 날에만 쓰는
가스레인지

80

SC아들 랜스와 함께
왼쪽부터 빅터, 랜스, 나

81

부활절날
나눠주던 달걀들

82

부활절날
의자빨리 앉는 게임하는
사팍아이들

83

신부님이 뿌린
동전을 줍는
사팍아이들

84

떠나기 전날 기억하라며
사진과 함께 주었던 책

85

세례받는
어린아이와 함께

86

한국에 와서
계속 눈에 밟히는
어린아이들

87

트리샤가
마지막 전달해준 쪽지

88

친구들 선물로 산
필리핀 옷

89

한국인이 모르는,
필리핀에 관한 불편한 진실

필리핀 완전정복

Wonder
ELIZABETH